BRETT UND STEIN
VERLAG

GUNNAR DICKFELD

SCHWARZ AM ZUG

DAS GO-ÜBUNGSBUCH

25 KYU - 20 KYU

BRETT UND STEIN
VERLAG

FSC
www.fsc.org
MIX
Papier aus verantwortungsvollen Quellen
Paper from responsible sources
FSC® C105338

Bibliografische Information der Deutschen Nationalbibliothek
Die Deutsche Nationalbibliothek verzeichnet diese Publikation in der Deutschen Nationalbibliografie; detaillierte bibliografische Daten sind im Internet über http://dnb.d-nb.de abrufbar.

ISBN 978-3-940563-32-3

Umschlaggestaltung: HAMMERGEIGEROT
Druck: Books on Demand GmbH, Norderstedt

smartgo
Die Diagramme in diesem Buch wurden erstellt mit SmartGo™: http://www.smartgo.com/de

Printed in Germany

Vorwort

Das asiatische Strategiespiel Go fasziniert und begeistert die Menschen seit rund viertausend Jahren. Es wird als nützliches Instrument zur Entwicklung des kreativen Denkens angesehen.

Obwohl Go als ein recht komplexes und geheimnisvolles Spiel betrachtet werden kann, sind die Regeln selbst sehr einfach und das Spiel ist leichter als Schach. Das Erlernen der Grundregeln bedarf nur weniger Minuten. So können schon Kinder im jüngsten Alter mit aufregenden Partien Spaß haben. Der Freiraum, den die wenigen und wenig restriktiven Regeln den Spielern überlassen, ermöglichen unzählige Spielpositionen und Kombinationen.

Dieses Übungsbuch richtet sich an Spieler, die ihre ersten Spielerfahrungen auf dem 9x9-Brett gesammelt haben und nun mehr über Spieltechniken lernen möchten. Die Aufgaben stellen Ihnen neue Formen und Techniken vor, die Ihnen helfen, die Zusammenhänge und Abhängigkeiten der einzelnen Steine zueinander besser zu erkennen. Die Auseinandersetzung mit diesen Techniken wird Ihr Spiel verbessern.

Sie werden sehen, wie Sie nicht nur mit großem Vergnügen Ihr Verständnis des Spiel steigern, sondern auch Ihre Freunde und Spielpartner mit neuen, geschickten Zügen überraschen!

Gunnar Dickfeld

Inhalt

Atari

Atari-Stellungen sind im Go-Spiel von großer Bedeutung. Anfängern ist manchmal noch unklar, ob ein Zug zulässig ist oder nicht. Dies soll als Einstieg noch einmal vertieft werden.

Schwarz am Zug: Dürfen Sie auf A spielen?

1

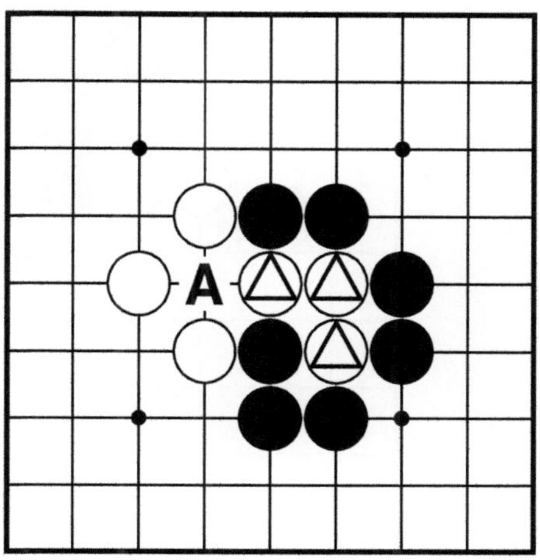

Schwarz.

Ist der Zug1 von Schwarz erlaubt?
Ist das ein guter Zug?

2

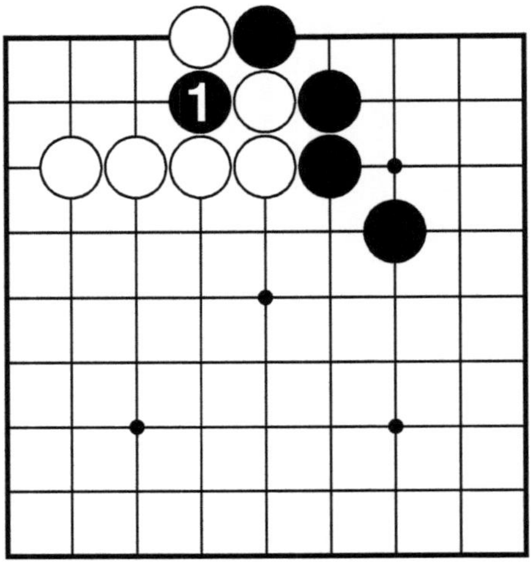

Schwarz.

Dürfen Sie den Zug 1 spielen?

3

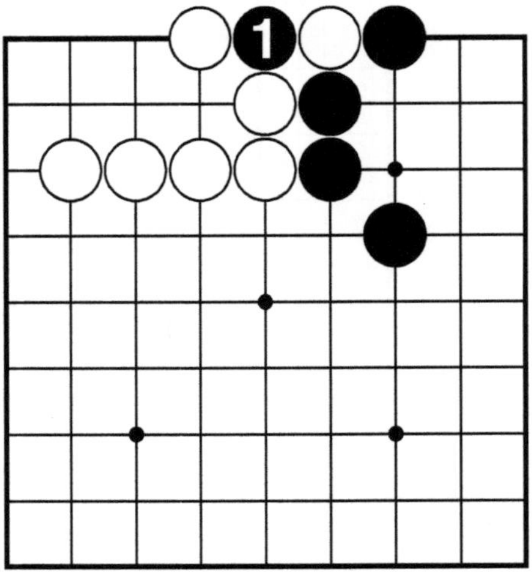

Schwarz.

Dürfen Sie den Zug 1 spielen?
Ist das ein guter Zug?

4

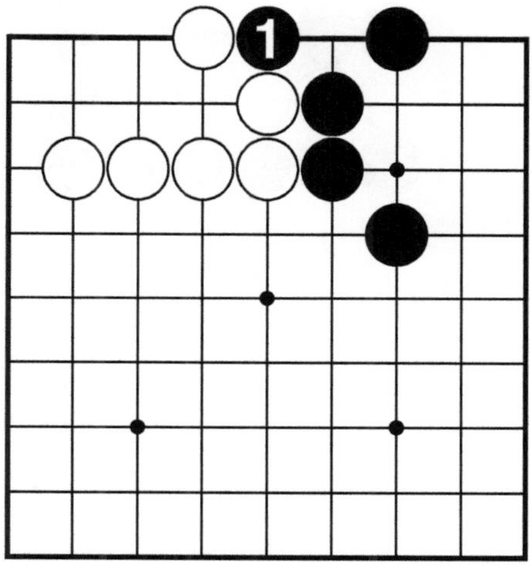

Schwarz.

Handelt es sich bei Schwarz 1 um einen zulässigen und guten Zug?

5

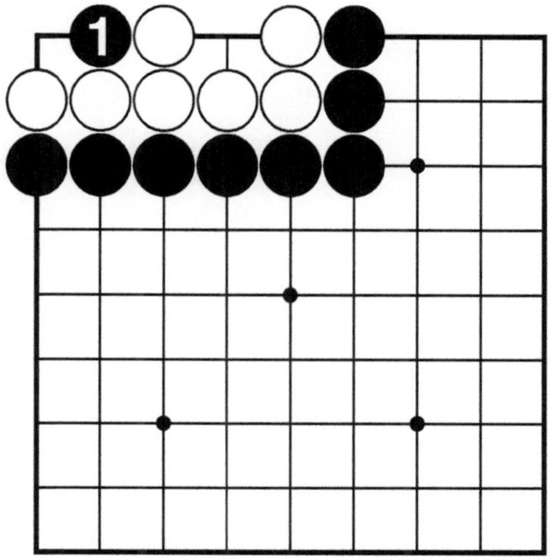

Schwarz.

Ist der Zug1 von Schwarz erlaubt?

6

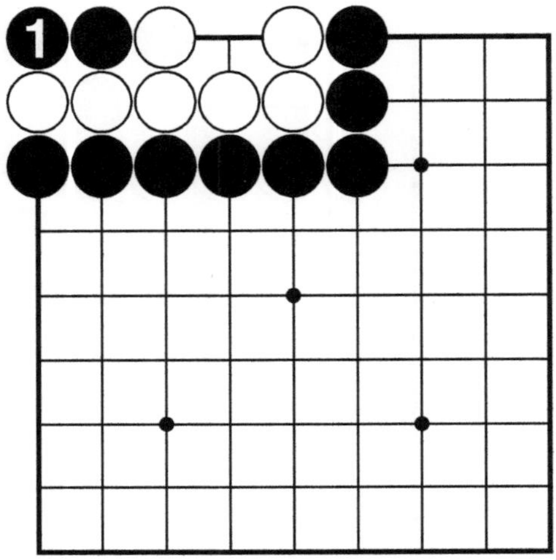

Schwarz.

Dürfen Sie den Zug 1 spielen?

7

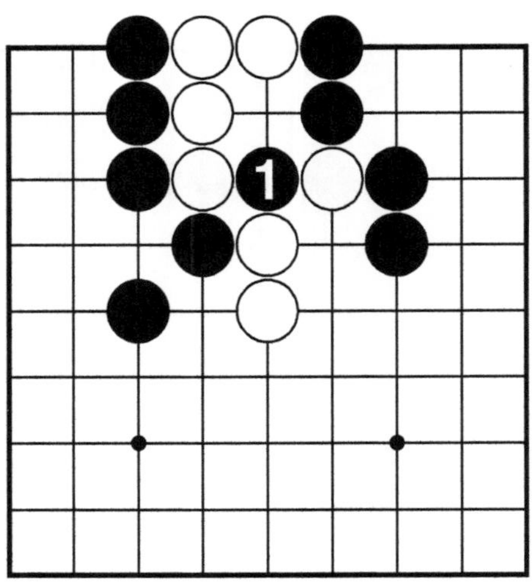

Schwarz.

Dürfen Sie den Zug 1 spielen?

8

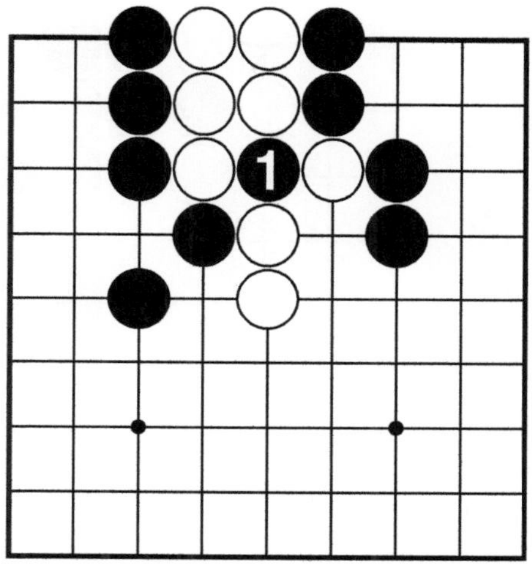

Schwarz.

Ist der Zug1 von Schwarz erlaubt? Handelt es sich um einen guten Zug?

9

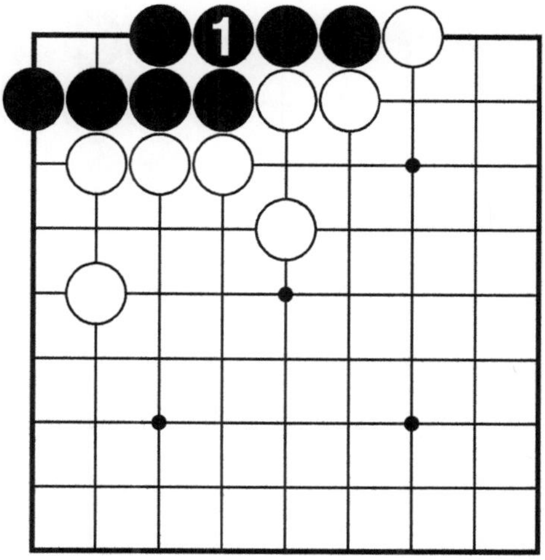

Schwarz.

Handelt es sich bei Schwarz 1 um einen guten Zug?

10

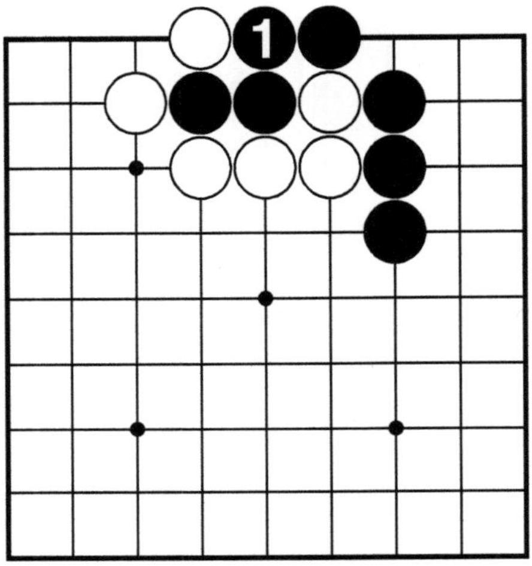

Schwarz.

Dürfen Sie den Zug 1 spielen? Ist dies ein guter Zug?

11

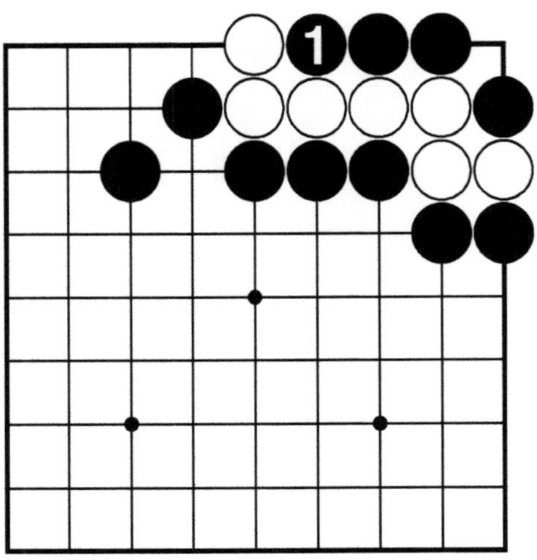

Treppe

Wird eine Zugfolge von vielen, aufeinanderfolgenden Atari gespielt, aus die der Gegner nicht entkommen kann, so spricht man von einer „Treppe".

Finden Sie die richtige Zugfolge, um die zwei weißen Steine zu schlagen!

12

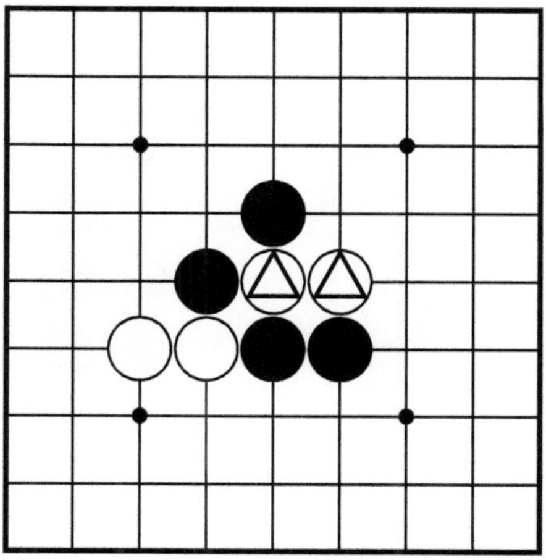

Schwarz am Zug.

Spielen Sie eine Treppe, um den markierten Stein zu fangen!

13

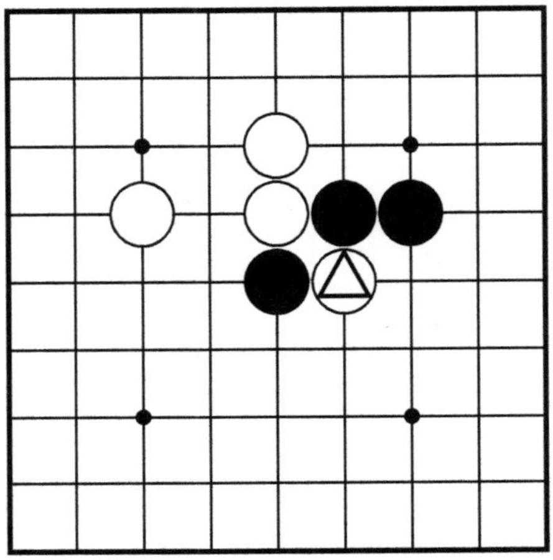

Schwarz am Zug.

Wie müssen Sie spielen, um die beiden weißen Steine zu fangen?

14

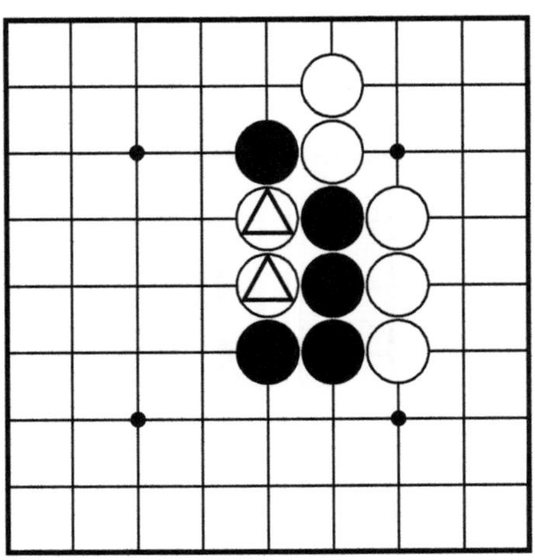

Schwarz am Zug.

Spielen Sie eine Treppe, um die markierten Steine zu fangen! Wo müssen Sie beginnen?

15

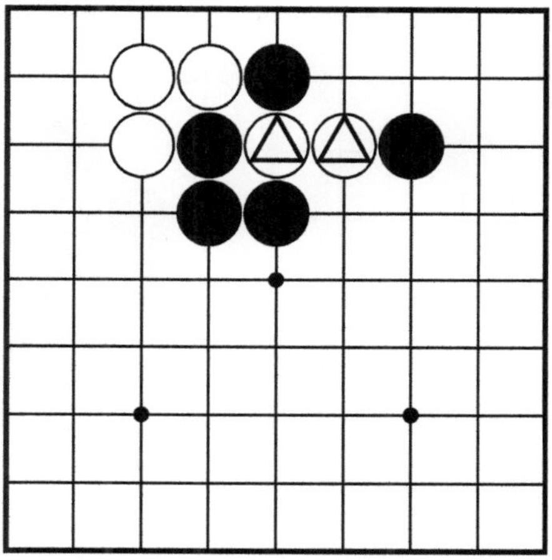

Schwarz am Zug.

Weiß hat soeben mit dem markierten Stein ein Doppel-Atari gespielt. Wie müssen Sie antworten?

16

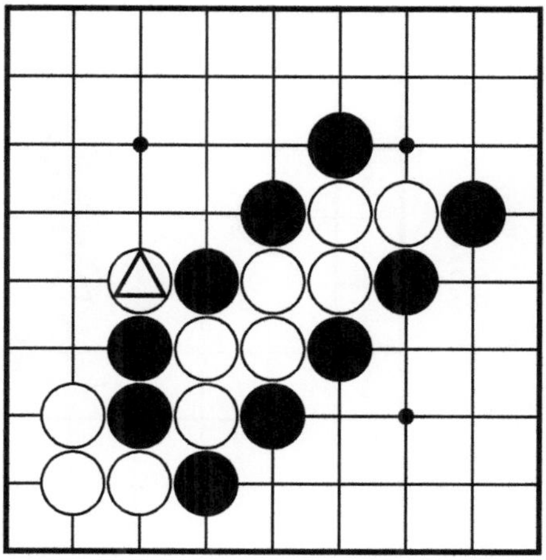

Schwarz am Zug.

Wie müssen Sie spielen, um die markierten weißen Steine zu fangen?

17

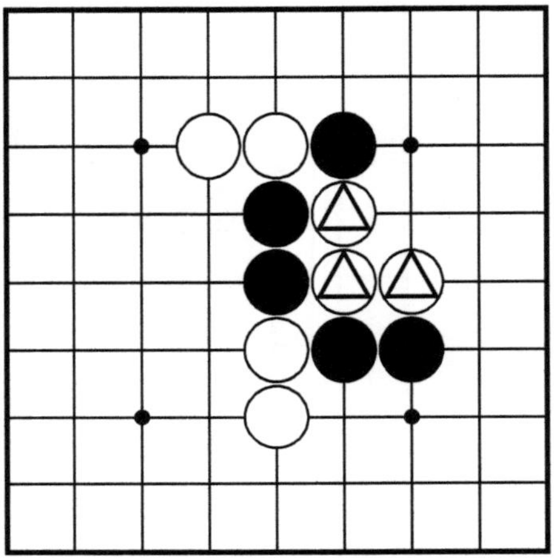

Schwarz am Zug.

Fangen Sie den weißen Stein!

18

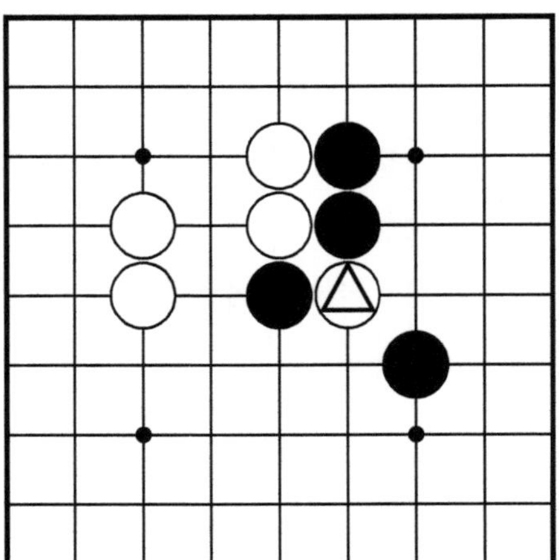

Schwarz am Zug.

Fangen Sie zwei weiße Steine in einer Treppe!

19

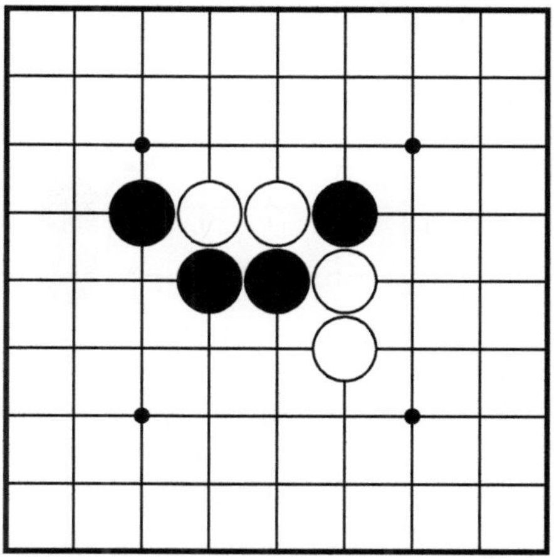

Schwarz am Zug.

Sie können den markierten Stein fangen. Wie müssen Sie die Treppe richtig spielen?

20

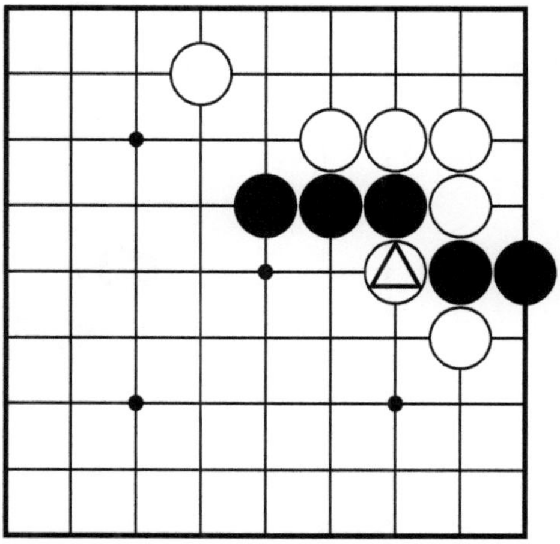

Schwarz am Zug.

Mit welcher Zugfolge können Sie den markierten Stein fangen?

21

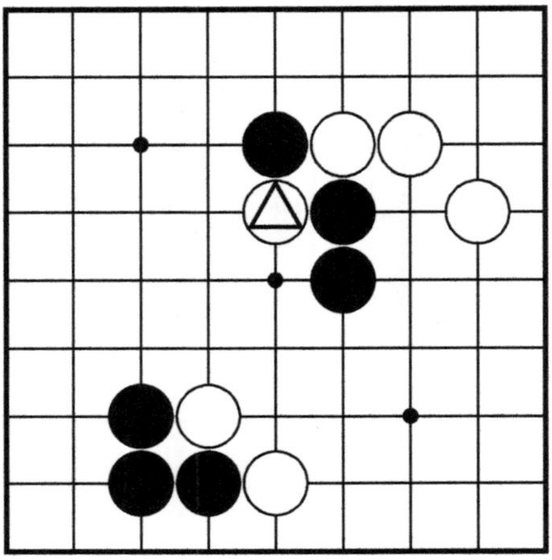

Schwarz am Zug.

Spielen Sie eine Treppe, um den markierten Stein zu „befreien"!

22

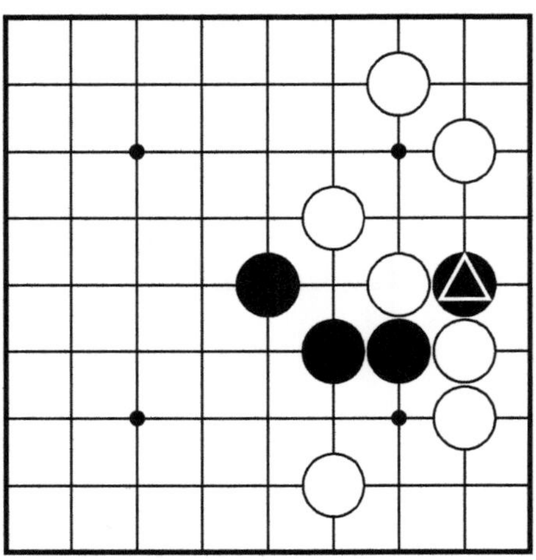

Netz

Nicht immer ist eine Treppe möglich, denn es können Steine, sogenannte Treppenbrecher, im Weg stehen. Sie können den markierten Stein nicht mit einem Zug auf A oder B fangen. Daher wird eine andere Technik benötigt:

Werfen Sie ein Netz aus, aus dem der weiße Stein nicht mehr entkommen kann!

23

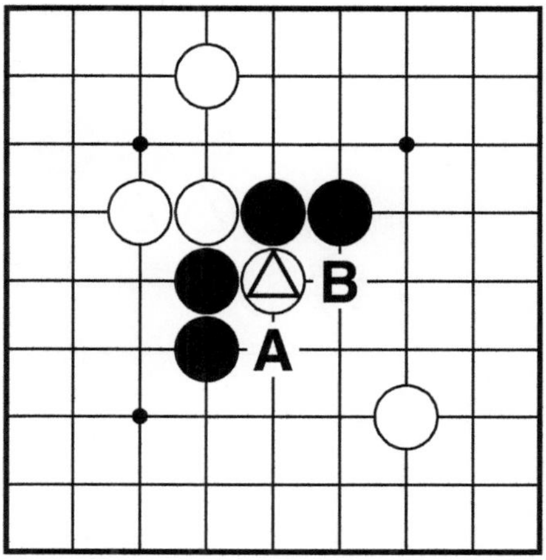

Schwarz am Zug ...

... und fängt einen weißen Stein in einem Netz!

24

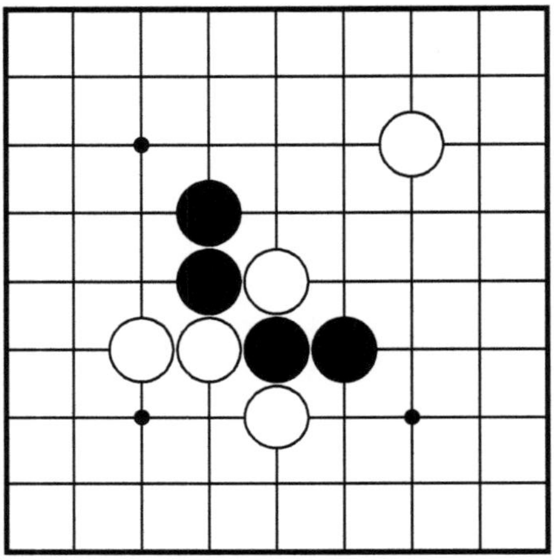

Schwarz am Zug ...

... und fängt zwei weiße Steine in einem Netz!

25

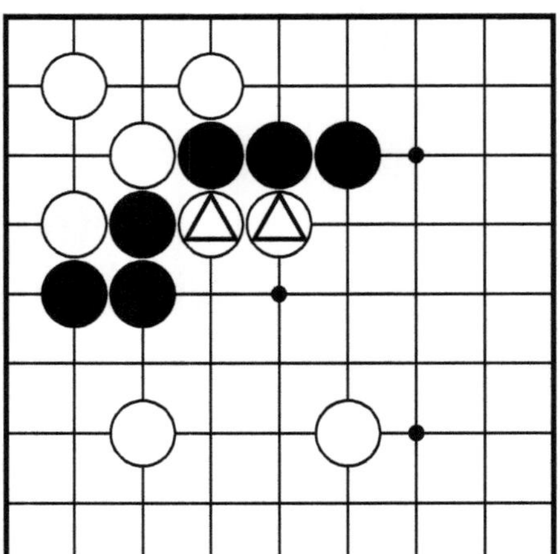

Schwarz am Zug.

Wie müssen Sie das Netz auswerfen?

26

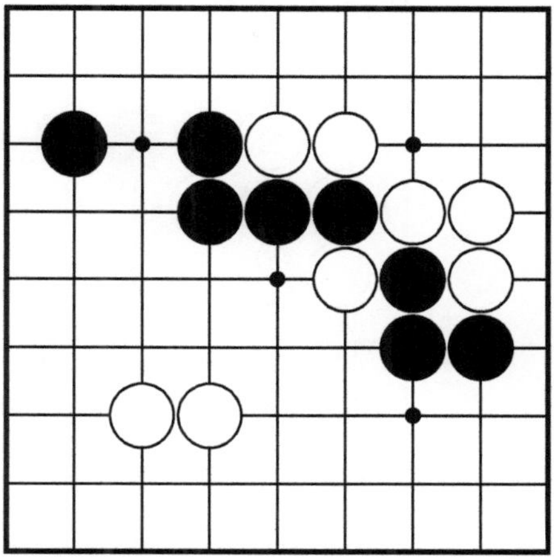

Schwarz am Zug.

Wo spielen Sie, um die zwei Steine in einem Netz zu fangen?

27

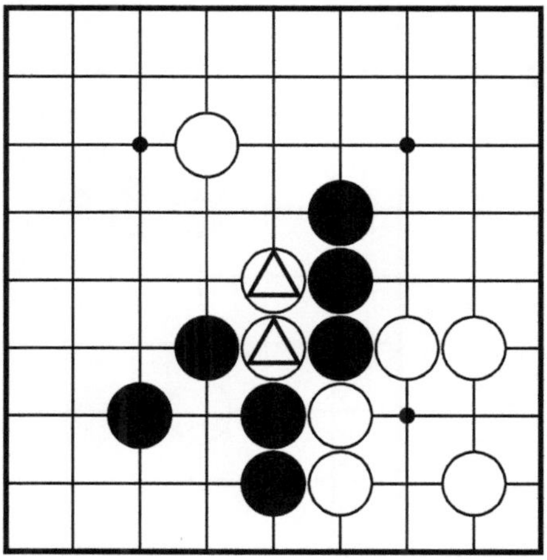

Schwarz am Zug ...

... und fängt in einem Netz! Können Sie das Netz sofort spielen oder müssen Sie es erst vorbereiten?

28

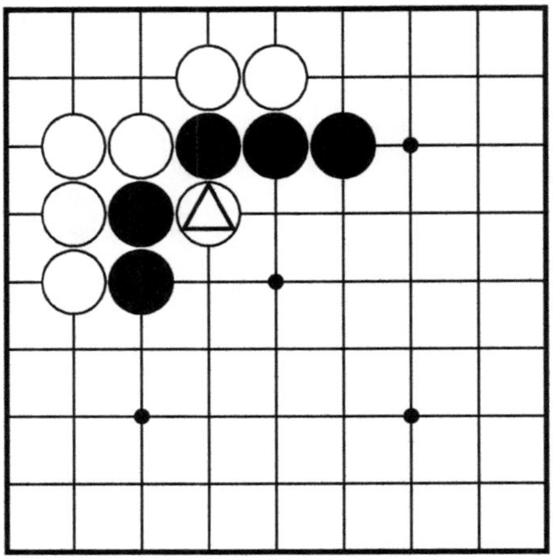

Schwarz am Zug.

Wie fangen Sie den markierten Stein? Wie bereiten Sie das Netz vor?

29

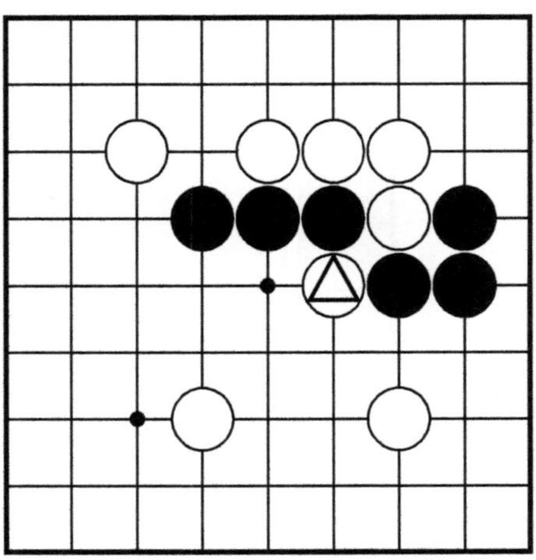

Schwarz am Zug ...

... und fängt die markierten Steine mit einem Netz!

30

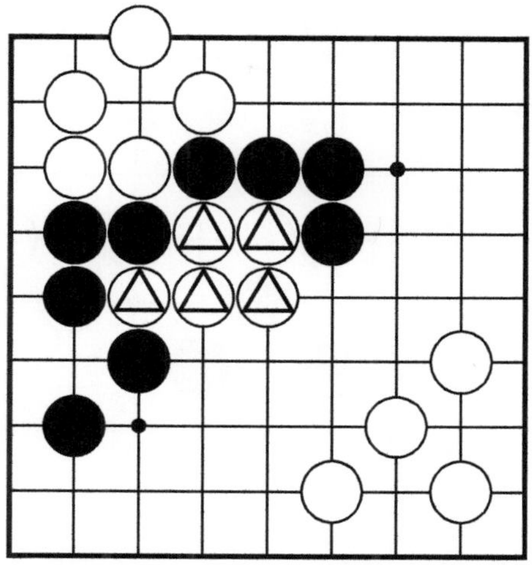

Schwarz am Zug ...

... und fängt die weißen Steine!

31

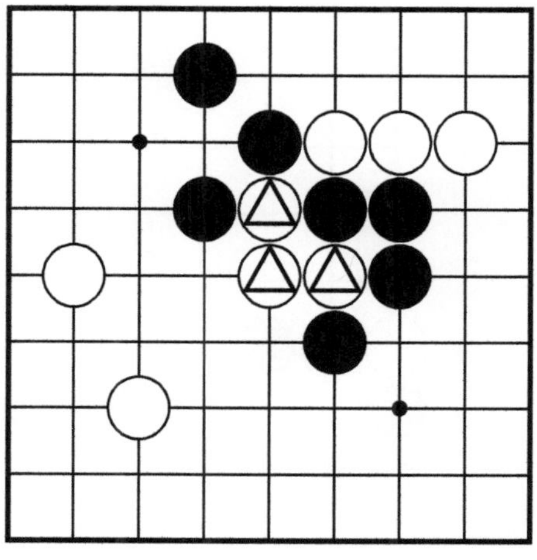

Schwarz am Zug ...

... und fängt die markierten Steine mit einem Netz!

32

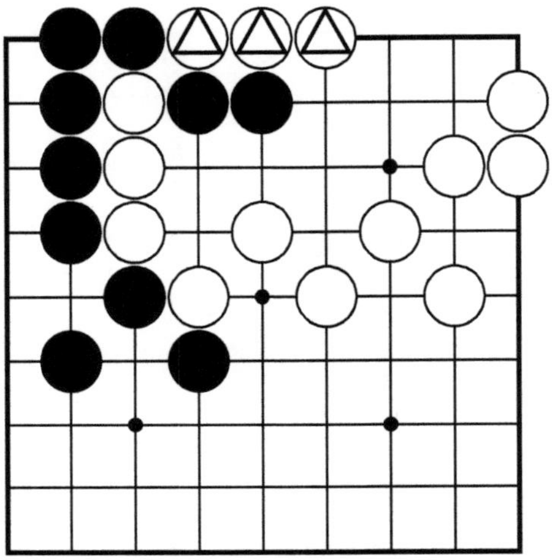

Schwarz am Zug ...

... und fängt zwei weiße Steine mit einem Netz!

33

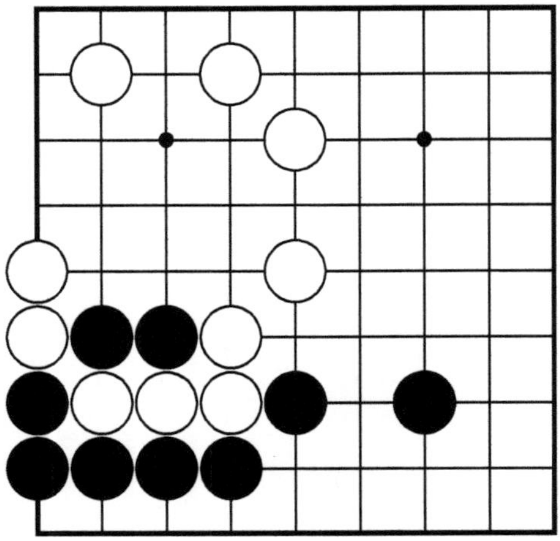

Semeai

Sind mehrere Gruppen voneinander abgeschnitten, beginnt ein Wettlauf um Leben und Tod: In solch einem Semeai sind die Freiheiten entscheidend. Häufig entscheidet, wer den ersten Zug macht!

Schwarz gewinnt hier das Semeai mit einem Zug Vorsprung.

34

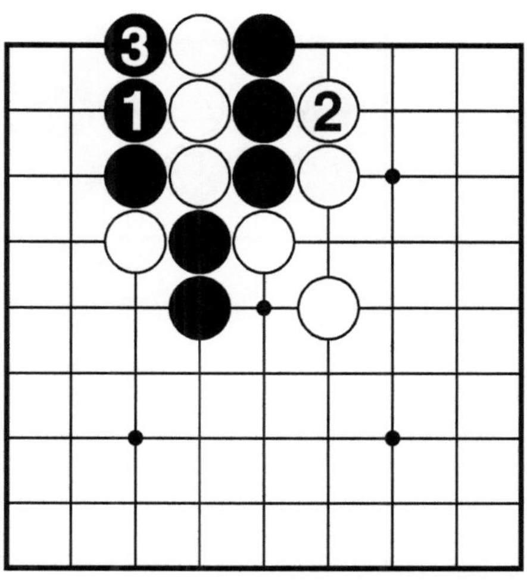

Schwarz am Zug ...

... und gewinnt das Semeai!

35

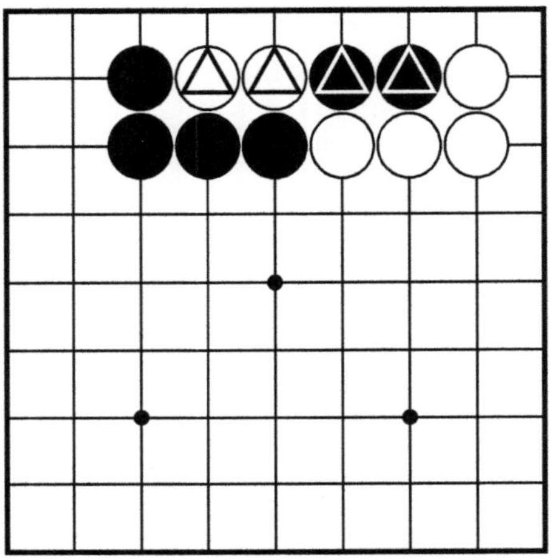

Schwarz am Zug.

Wie müssen Sie spielen, um das Semeai zu gewinnen?

36

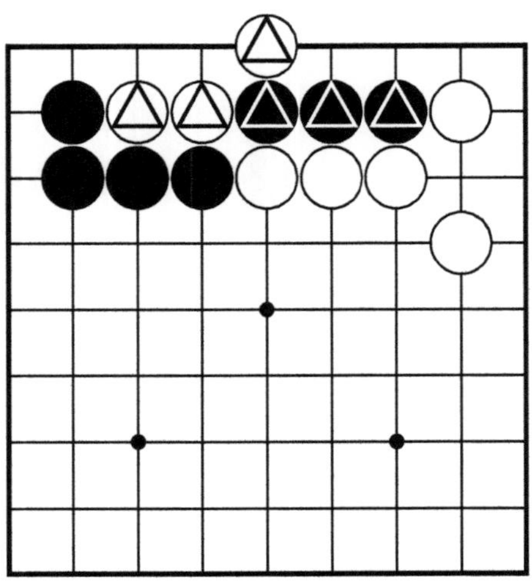

Schwarz am Zug.

Der schwarze Stein hat nur zwei Freiheiten.
Wie können Sie ihn retten?

37

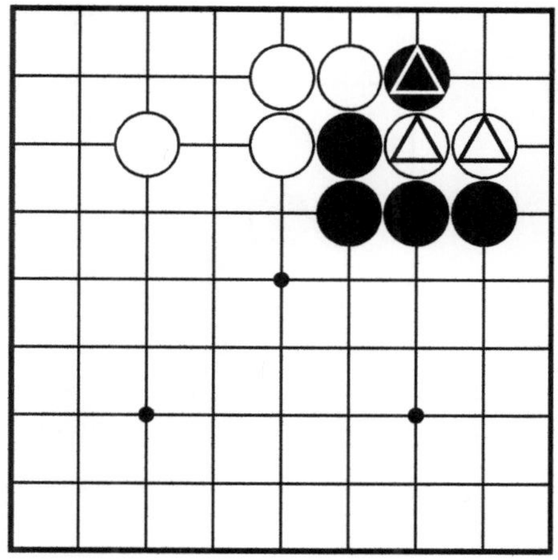

Schwarz am Zug.

Die weißen Steine haben mehr Freiheiten als die schwarzen. Wie gewinnen Sie das Semeai?

38

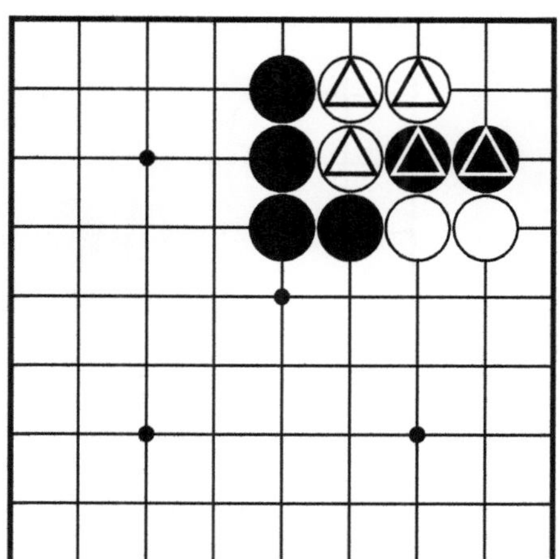

Schwarz am Zug ...

... und rettet die markierten Steine!

39

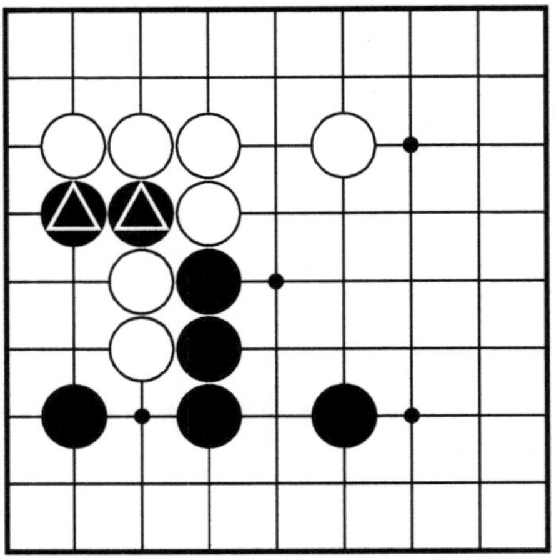

Schwarz am Zug.

Die Lage sieht schwierig aus, doch nicht aussichtslos. Retten Sie die zwei schwarzen Steine!

40

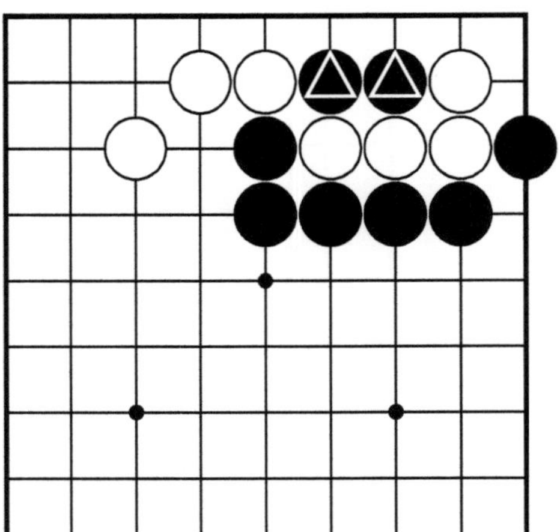

Schwarz am Zug ...

... und rettet die markierten Steine!

41

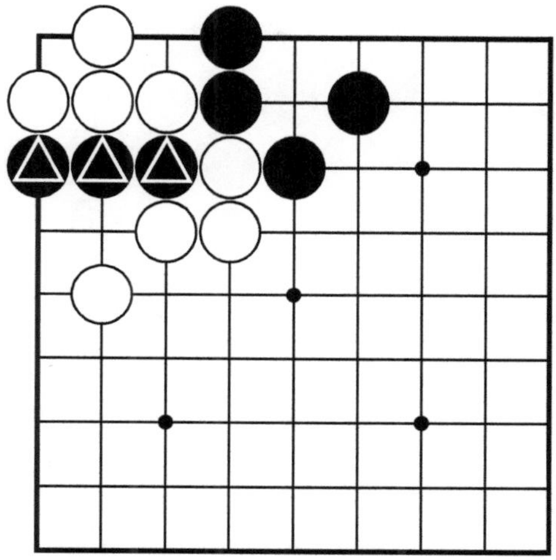

Schwarz am Zug.

Retten Sie die zwei schwarzen Steine!
Wie müssen Sie vorgehen?

42

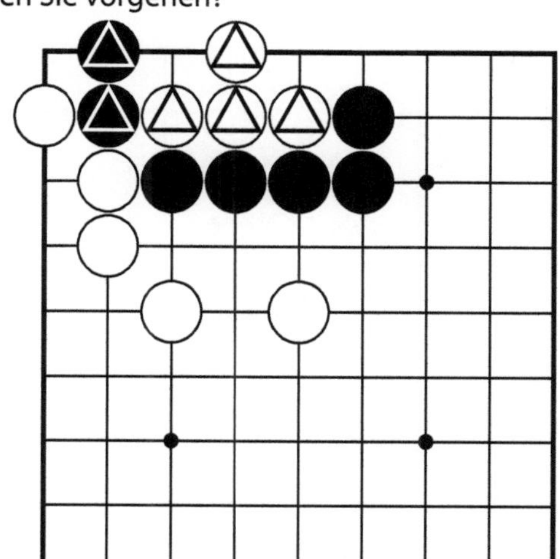

Schwarz am Zug ...

... und fängt die weißen Steine!

43

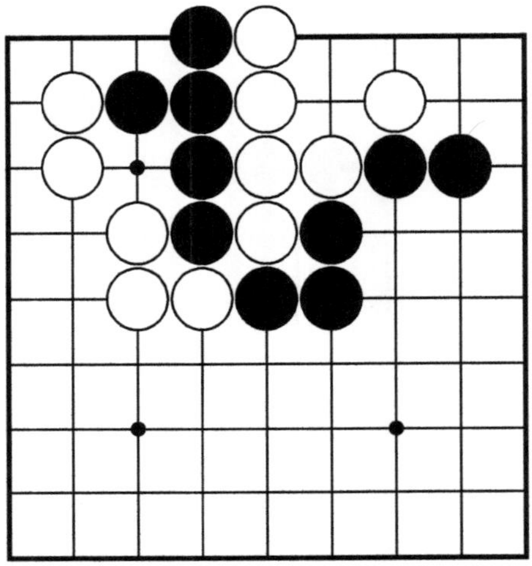

Schwarz am Zug.

Drei Steine sind in der Ecke abgeschnitten. Wenn Sie die vier weißen Steine fangen, sind Ihre gerettet!

44

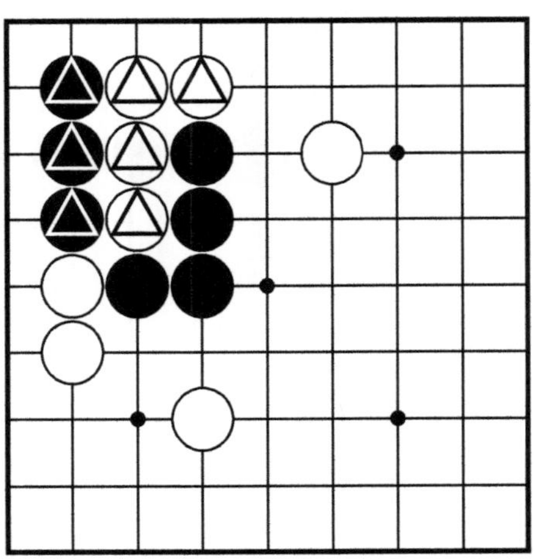

Mangel an Freiheiten

Manchmal kann man gegnerische Steine nicht mit einem Zug schlagen, sondern muss ein zwei Schritte vorausschauen. Besteht beim Gegner ein Mangel an Freiheiten, dann hat man Erfolg!

Fangen Sie die zwei weißen Steine!

45

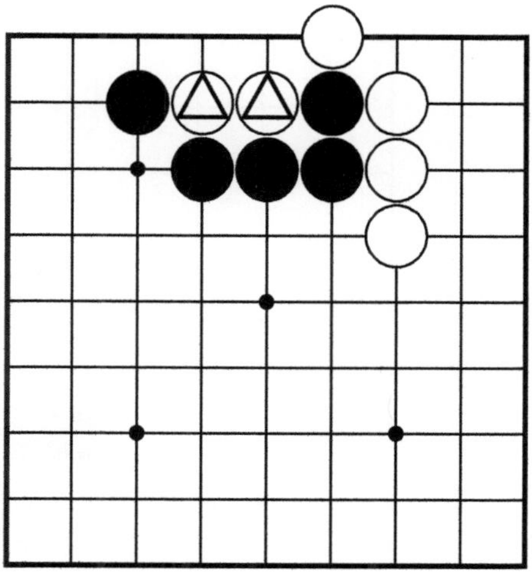

Schwarz am Zug.

Nutzen Sie den Mangel an Freiheiten aus und fangen Sie weiße Steine!

46

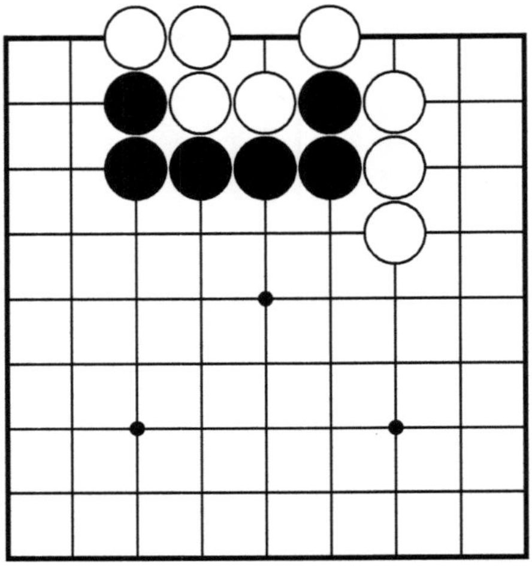

Schwarz am Zug.

Wo besteht ein Mangel an Freiheiten?

47

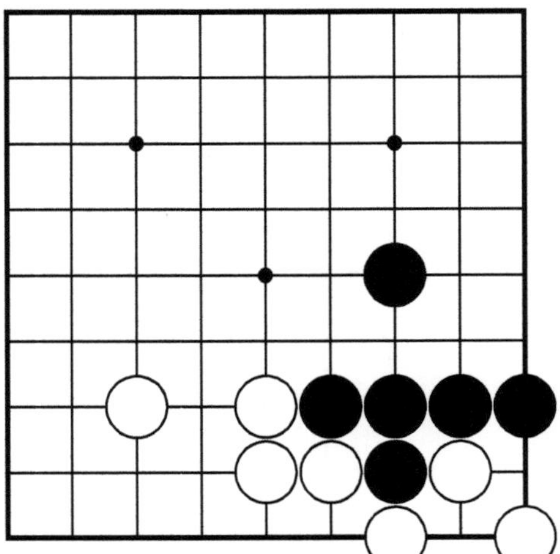

Schwarz am Zug.

Nutzen Sie den Mangel an Freiheiten aus und fangen Sie weiße Steine!

48

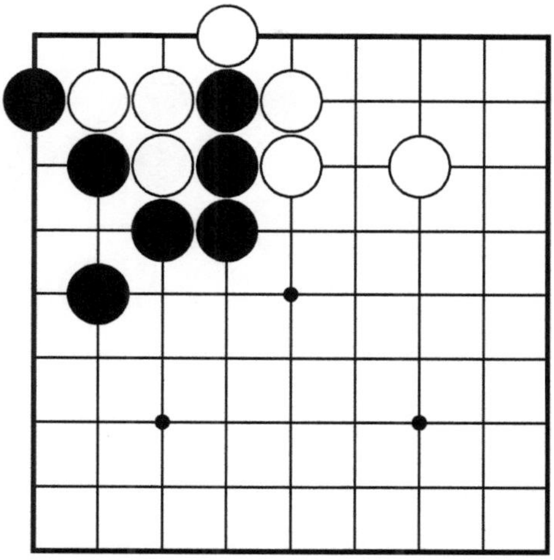

Schwarz am Zug.

Nutzen Sie den Mangel an Freiheiten aus und fangen Sie weiße Steine!

49

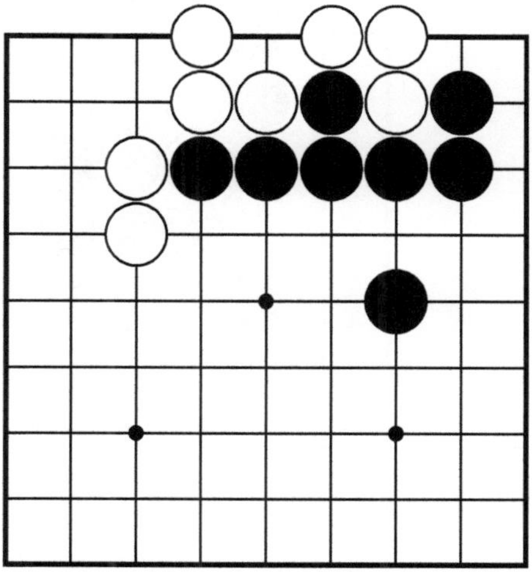

Schwarz am Zug.

Wie können Sie weiße Steine fangen?

50

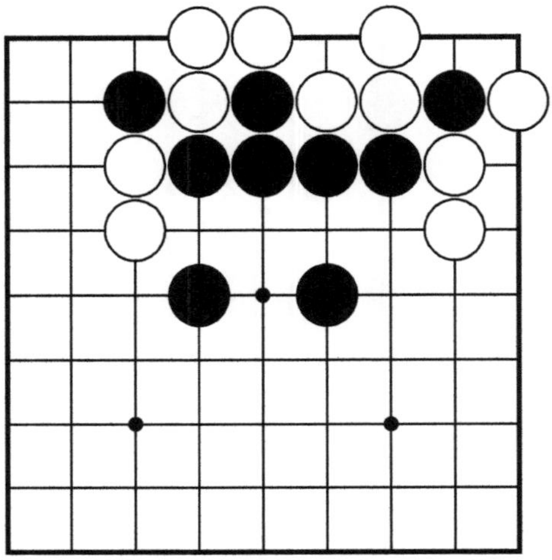

Schwarz am Zug.

Wo besteht ein Mangel an Freiheiten?
Nutzen Sie diesen aus!

51

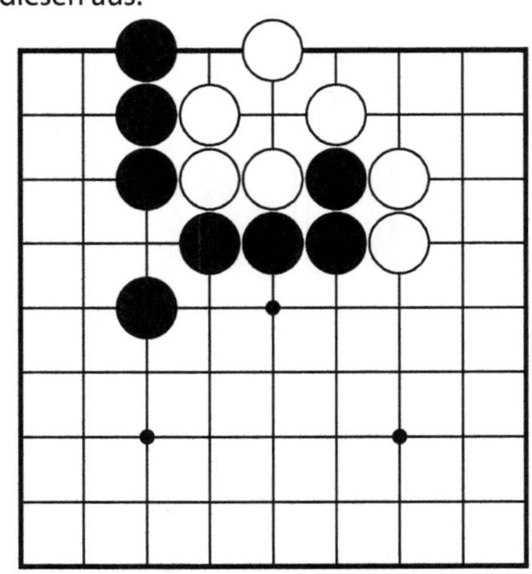

Schwarz am Zug ...

... und nutzt den Mangel an Freiheiten bei Weiß aus!

52

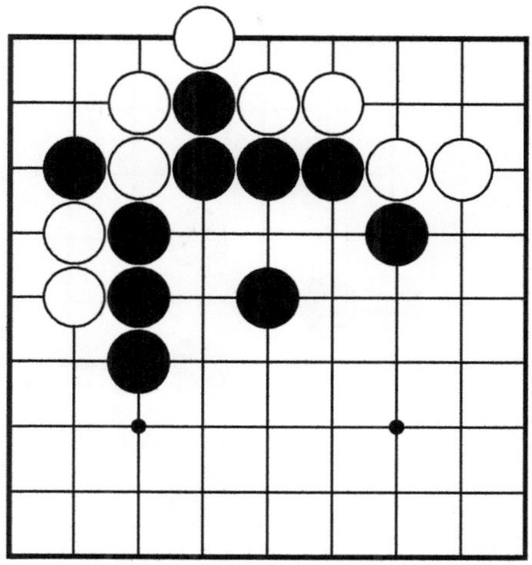

Schwarz am Zug ...

... und fängt weiße Steine!

53

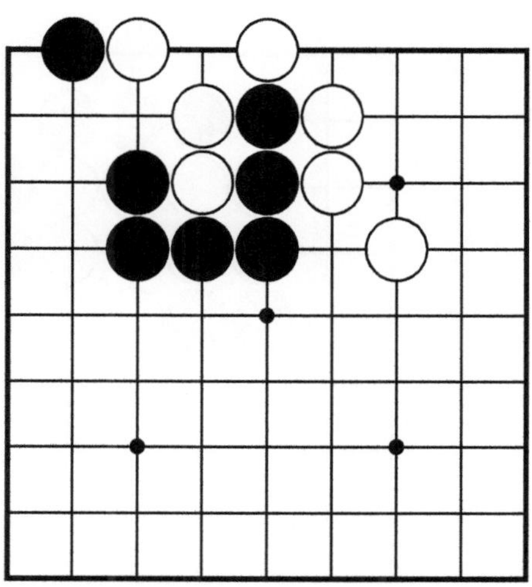

Schwarz am Zug.

Retten sie die zwei schwarzen Steine, indem Sie den Mangel an Freiheiten bei Weiß ausnutzen!

54

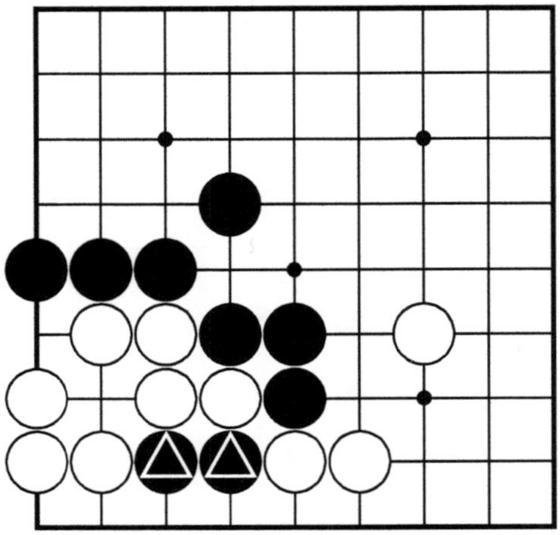

Schwarz am Zug ...

... und fängt weiße Steine!

55

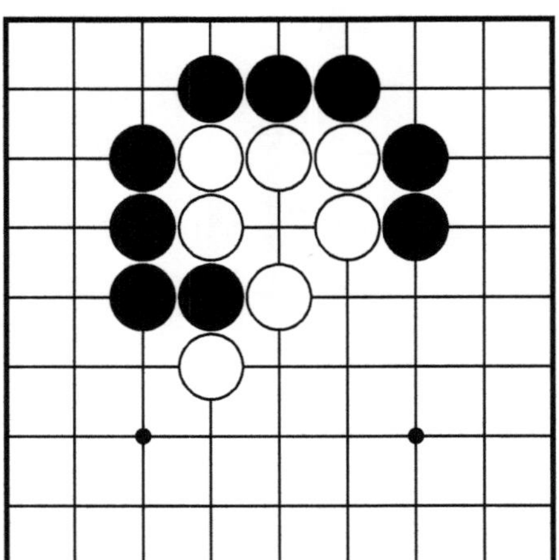

Tesuji: Einwurf

Einem Mangel an Freiheiten kann man auch „nachhelfen“. Das Einwerfen eines Steins ist ein geschickter Zug, ein Tesuji.

Wie fangen Sie die drei weißen Steine: Auf A oder B?

56

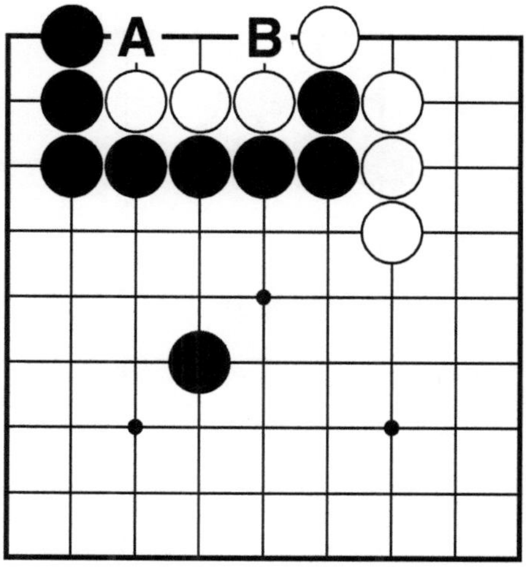

Schwarz am Zug.

Werfen Sie ein und fangen Sie weiße Steine!

57

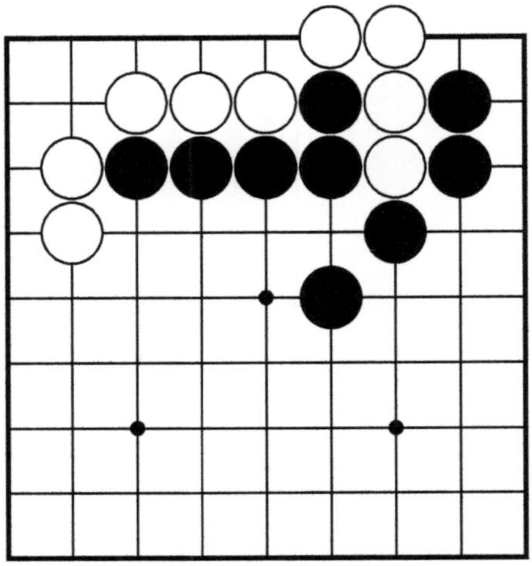

Schwarz am Zug.

Fangen Sie einen weißen Stein!

58

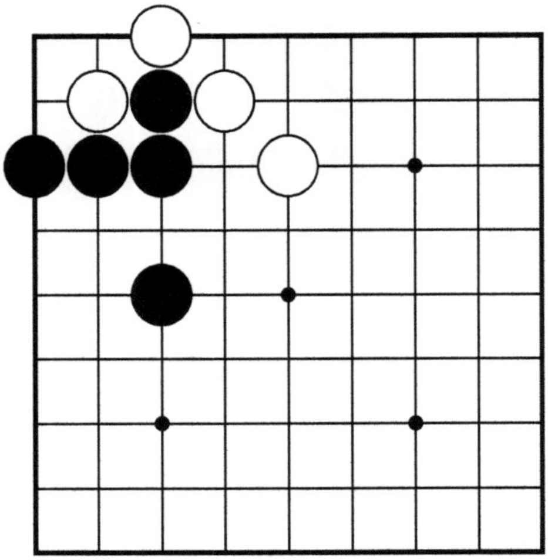

Schwarz am Zug.

Werfen Sie ein und fangen Sie weiße Steine!

59

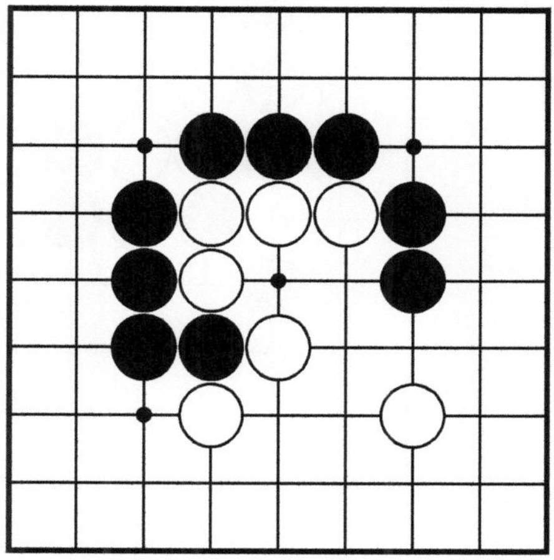

Schwarz am Zug ...

... und fängt weiße Steine!

60

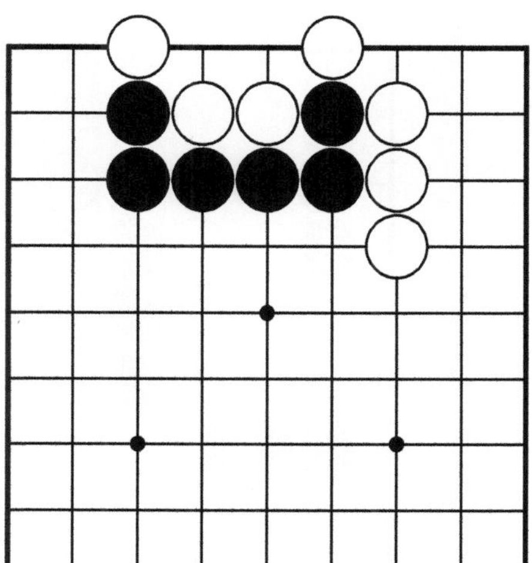

Schwarz am Zug.

Die Stellung kommt Ihnen sicher bekannt vor.
Wie fangen Sie weiße Steine?

61

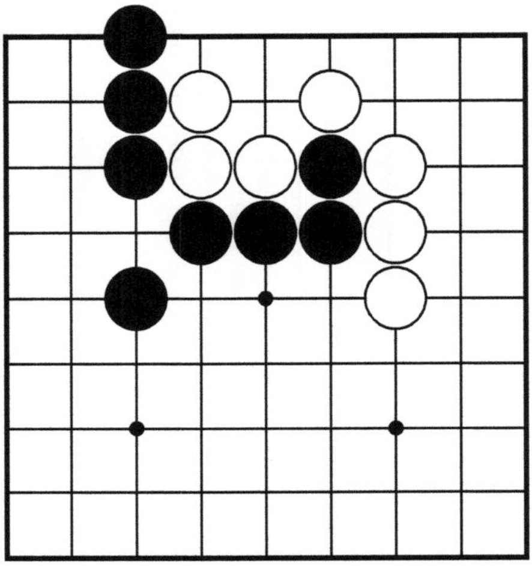

Schwarz am Zug.

Die schwarzen Steine haben nur zwei Freiheiten.
Gewinnen Sie das Semeai!

62

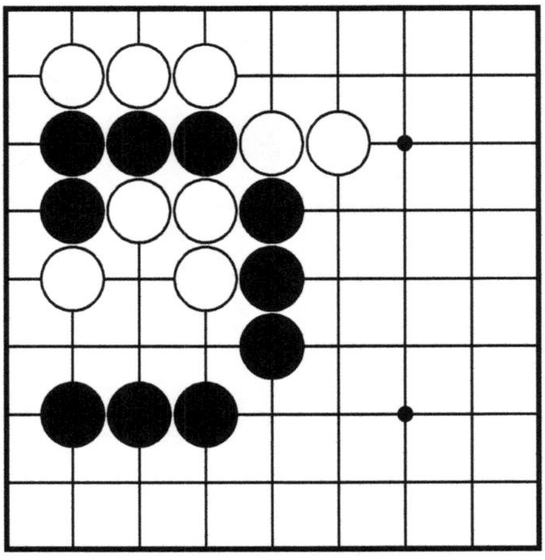

Schwarz am Zug.

Weiß hat den markierten Stein eingeworfen.
Wie antworten Sie richtig?

63

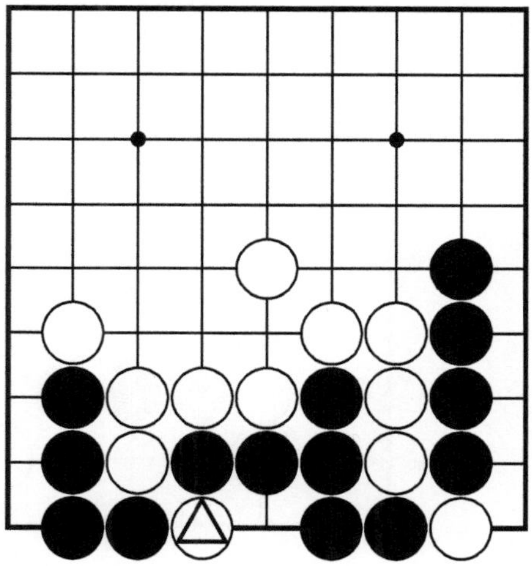

Schwarz am Zug.

Weiß hat einen Stein eingeworfen. Wie antworten Sie richtig?

64

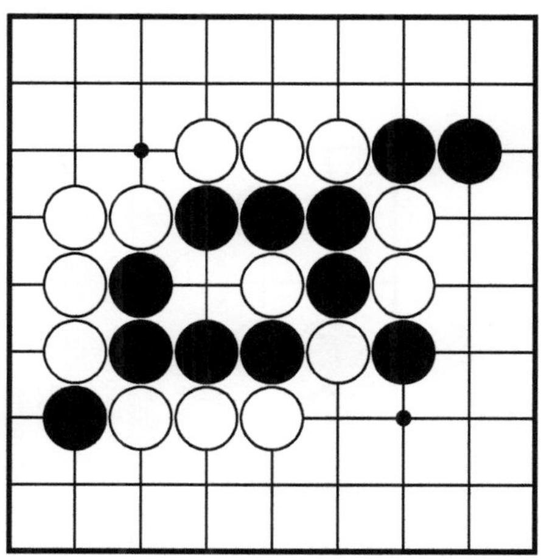

Schwarz am Zug.

Wie können Sie die weißen Steine fangen und Ihre drei Steine am unteren Rand retten?

65

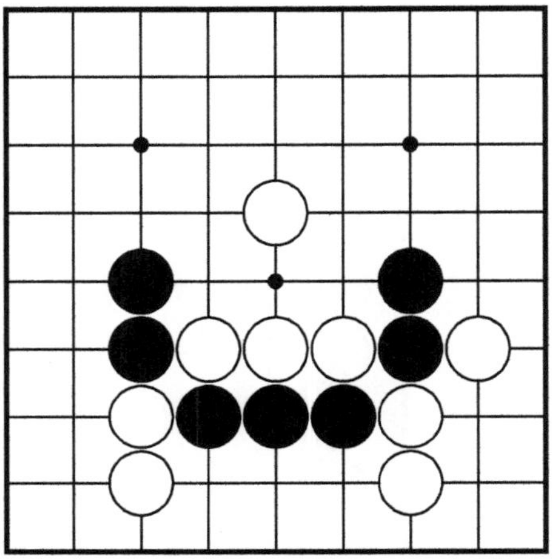

Schwarz am Zug.

Wie können Sie die schwarzen Steine retten? Sie müssen einige Züge vorausrechnen.

66

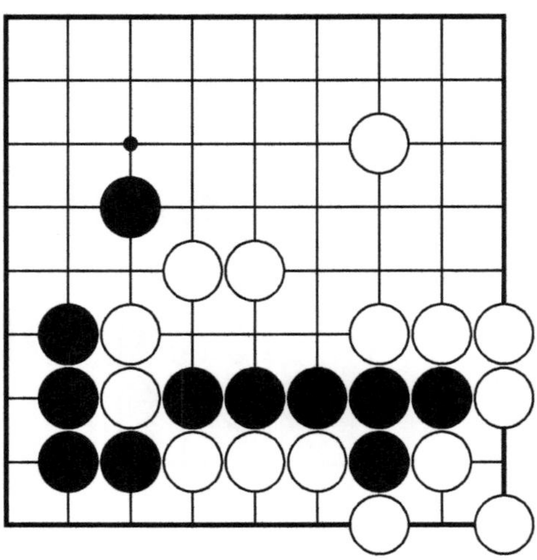

Mausefalle

Eine besondere Form des Einwerfens ist die Mausefalle: Erst werfen Sie ein Stück „Käse" hin. Schnappt sich die Maus das Stück, dann schnappt die Falle zu!
Das sollte Ihnen helfen, die nächsten Übungen zu lösen.

Fangen Sie zwei weiße Steine!

67

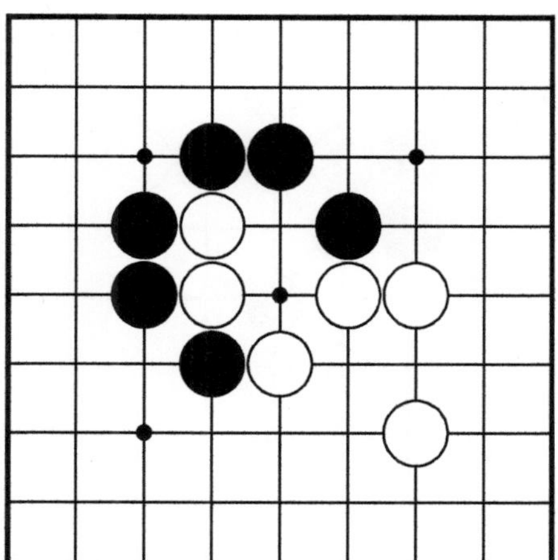

Schwarz am Zug.

Finden Sie die Mausefalle und fangen Sie zwei weiße Steine!

68

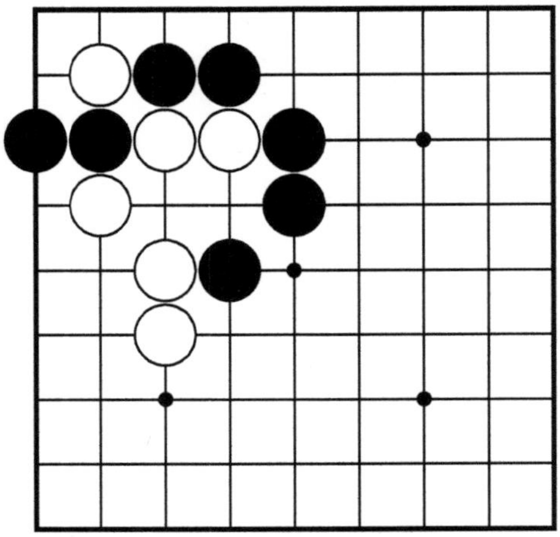

Schwarz am Zug ...

... und fängt drei weiße Steine in einer Mausefalle!

69

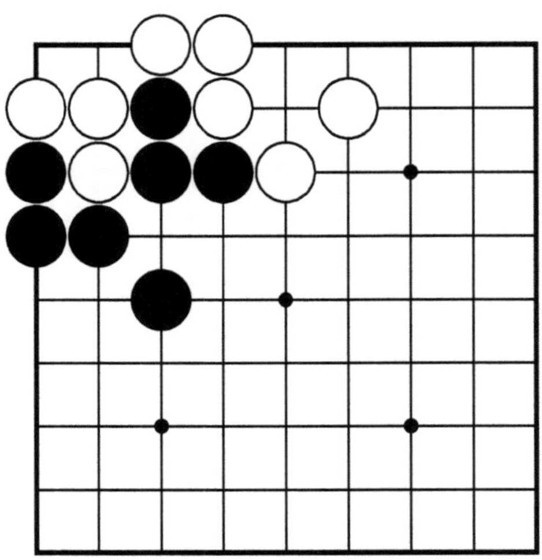

Schwarz am Zug ...

... und fängt weiße Steine!

70

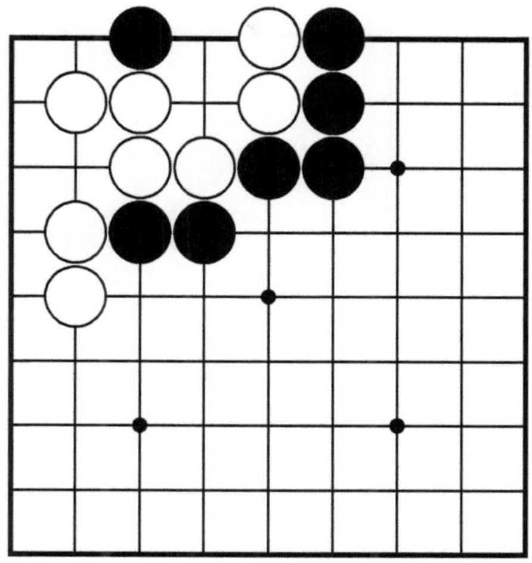

Schwarz am Zug.

Fangen Sie weiße Steine in einer Mausefalle!

71

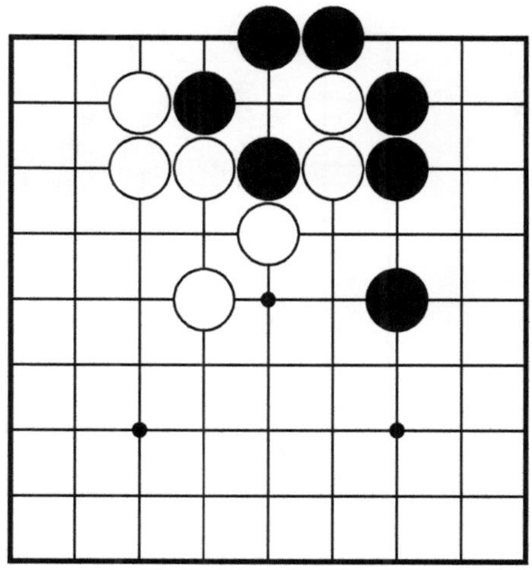

Schwarz am Zug.

Fangen Sie weiße Steine in einer Mausefalle!

72

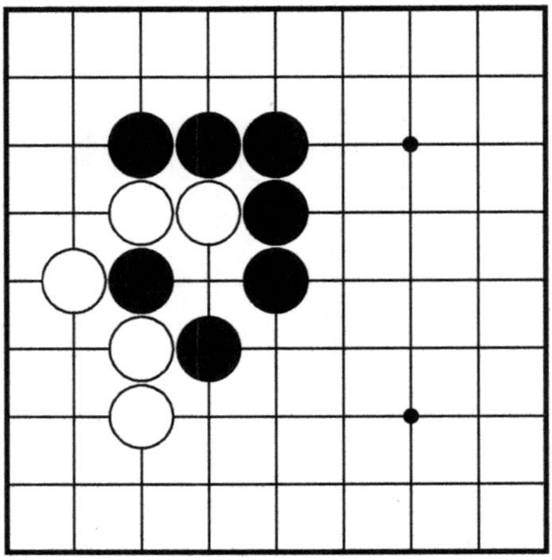

Schwarz am Zug.

Fangen Sie die weißen Steine am Rand!

73

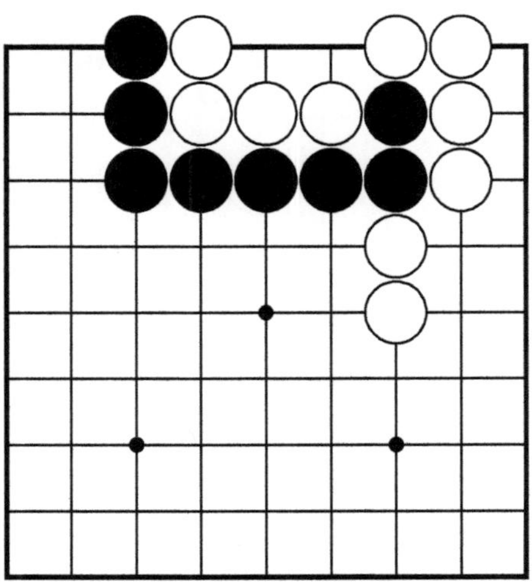

Schwarz am Zug ...

... und fängt die weißen Steine am oberen Rand!

74

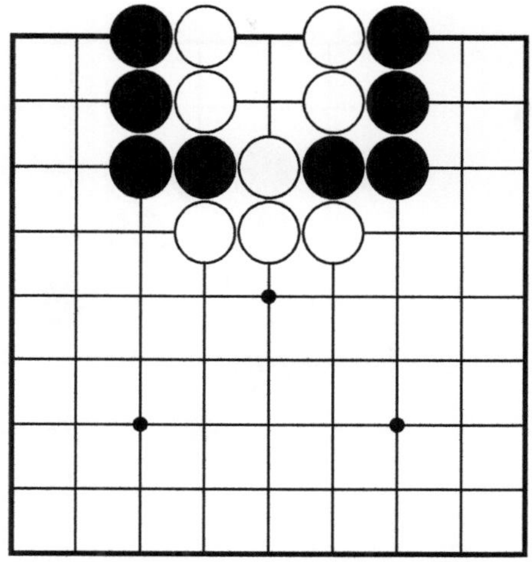

Schwarz am Zug ...

... und fängt die weißen Steine am linken Rand!

75

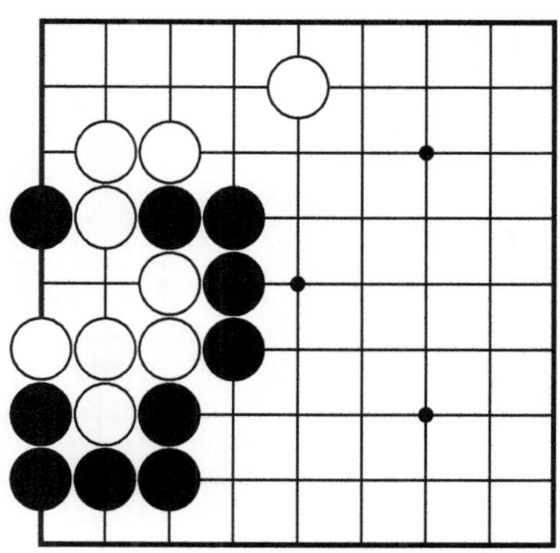

Schwarz am Zug ...

... und spielt eine Mausefalle!

76

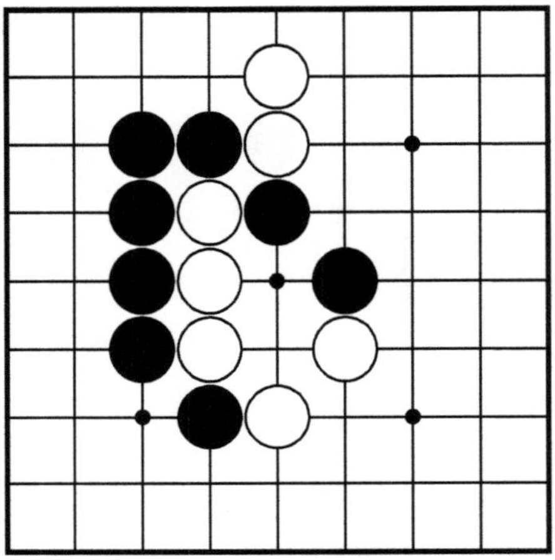

Schwarz am Zug ...

... und spielt eine Mausefalle!

77

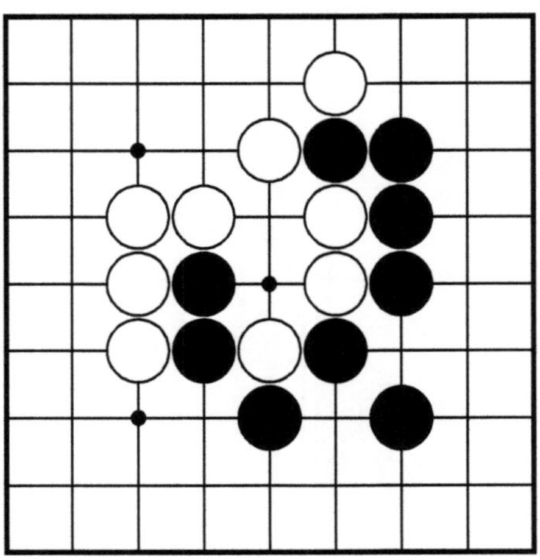

Trennen und Verbinden

„Teile und herrsche!“ hieß es schon bei den Römern. Auch im Go führt das Trennen gegnerischer Gruppen zum Erfolg. Im Umkehrschluss müssen eigene Gruppen natürlich verbunden werden.

Wo können Sie weiße Steine trennen und damit gleichzeitig Ihre eigenen sichern?

78

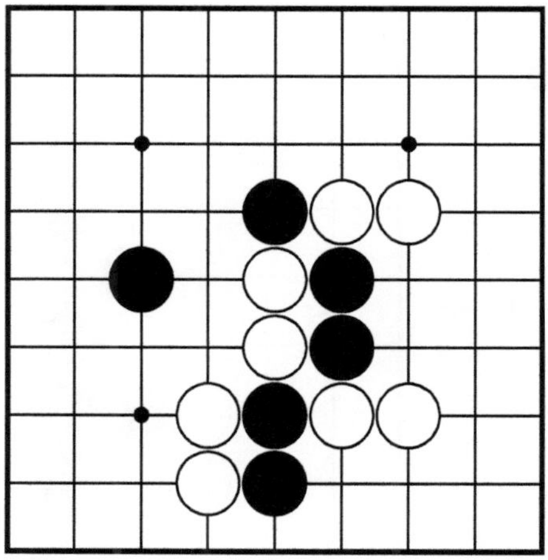

Schwarz am Zug ...

... und trennt gegnerische Steine!

79

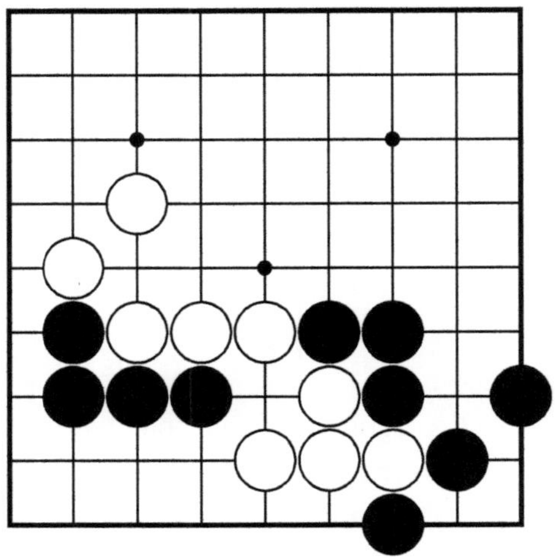

Schwarz am Zug.

Weiß hat den markierten Stein gespielt. Was droht dieser? Wie müssen Sie antworten?

80

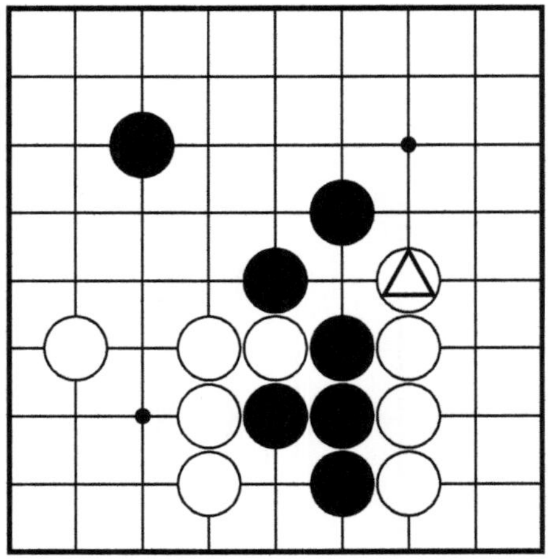

Schwarz am Zug.

In der weißen Stellung gibt es eine Schwachstelle.
Wie nutzen Sie diese aus?

81

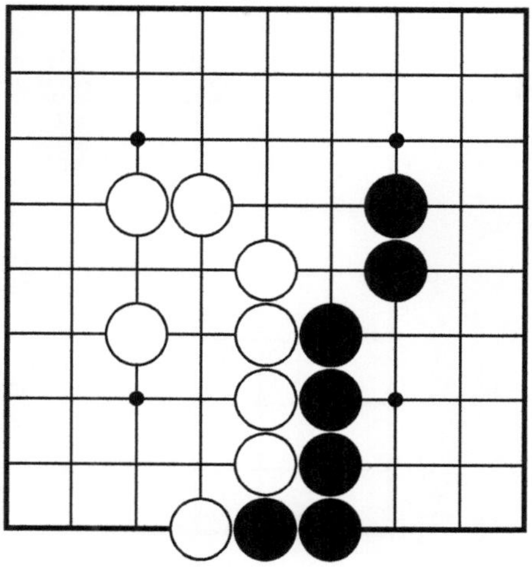

Schwarz am Zug ...

... und verbindet seine Gruppen!

82

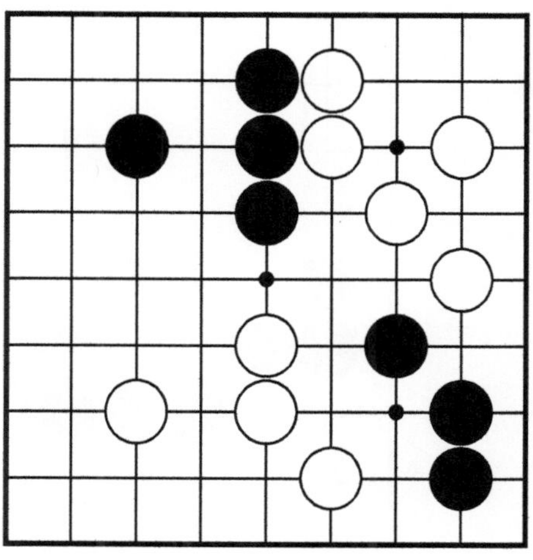

Schwarz am Zug.

Wie müssen Sie hier spielen?

83

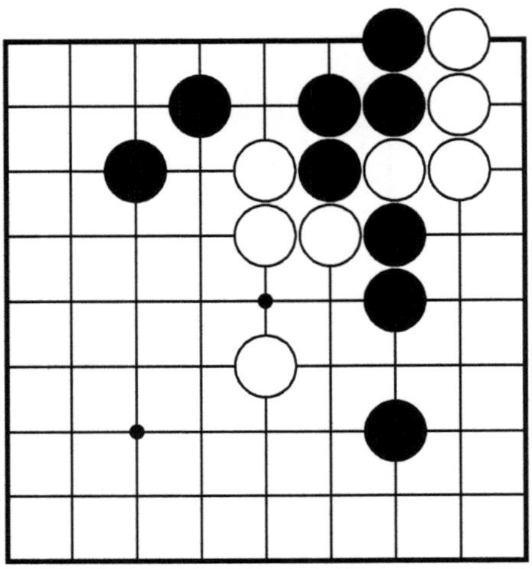

Schwarz am Zug ...

Die schwarzen Steine am unteren Rand sind abgeschnitten. Wie können Sie sie retten?

84

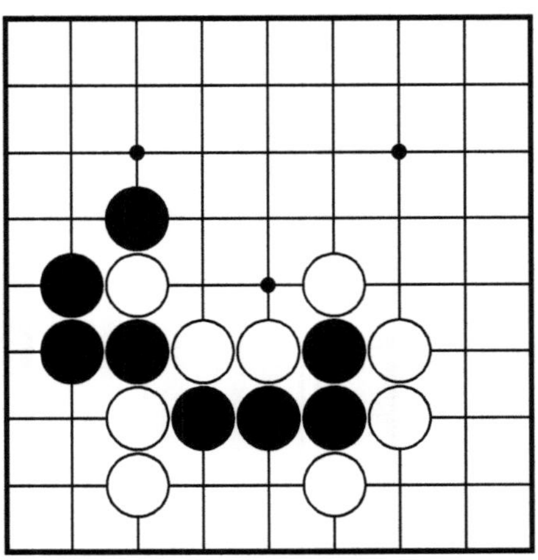

Schwarz am Zug.

Die schwarzen Steine wurden getrennt. Wenn Sie weiße Steine fangen können, dann sind Ihre verbunden!

85

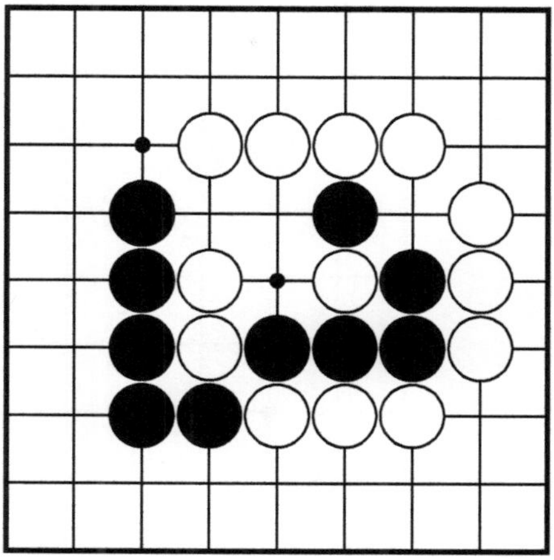

Schwarz am Zug.

Den schwarzen Steinen am unteren Rand droht, abgeschnitten zu werden. Wie können Sie sie retten?

86

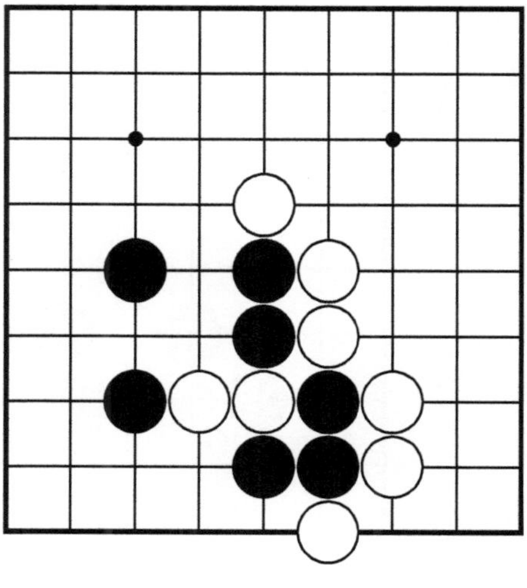

Schwarz am Zug.
Wie können Sie Ihre zwei Ketten verbinden?

87

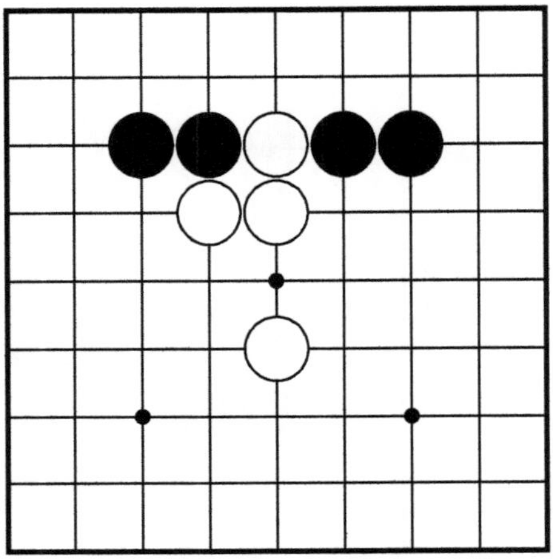

Schwarz am Zug.
Wie können Sie Ihre Ketten verbinden?

88

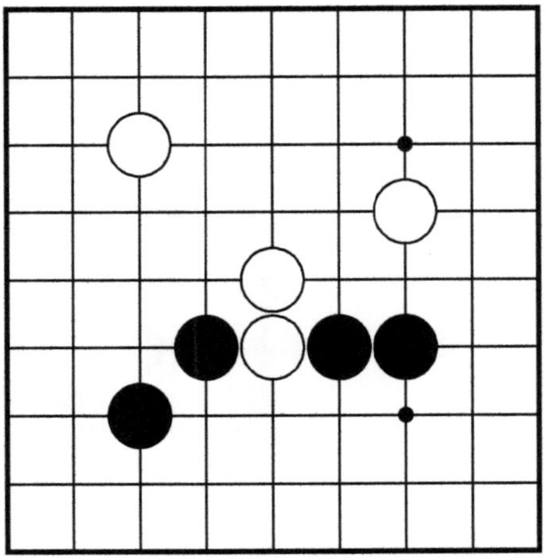

Leben

Steine wollen leben. Helfen Sie ihnen und sichern Sie sie so gegen gegnerische Angriffe!

Wie können die schwarze Steine leben?

89

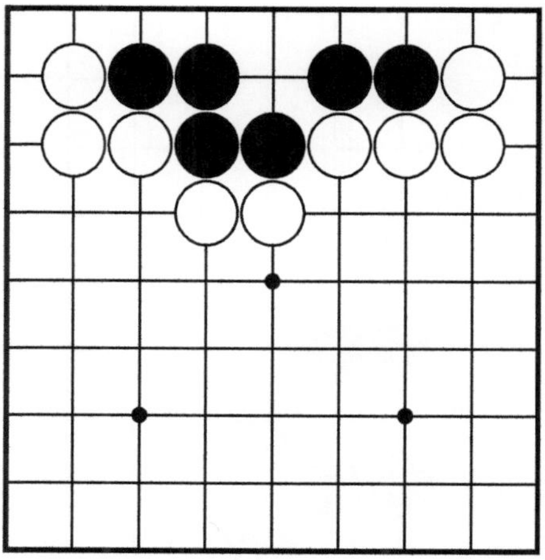

Schwarz am Zug.

Finden Sie den vitalen Punkt und bringen Sie die Ecke zum Leben!

90

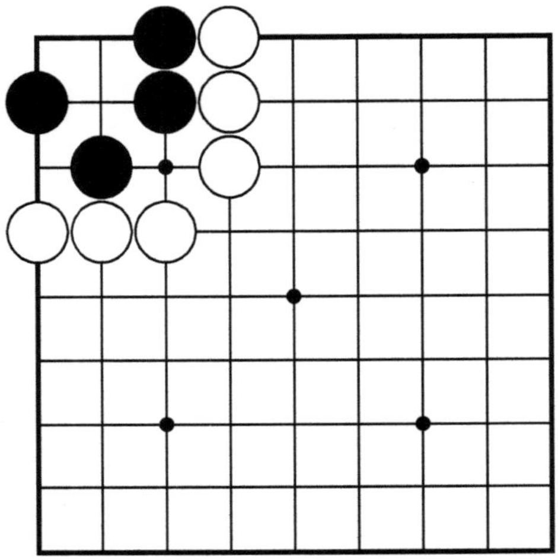

Schwarz am Zug.

Mit welchem Zug sichern Sie Ihre Stellung?

91

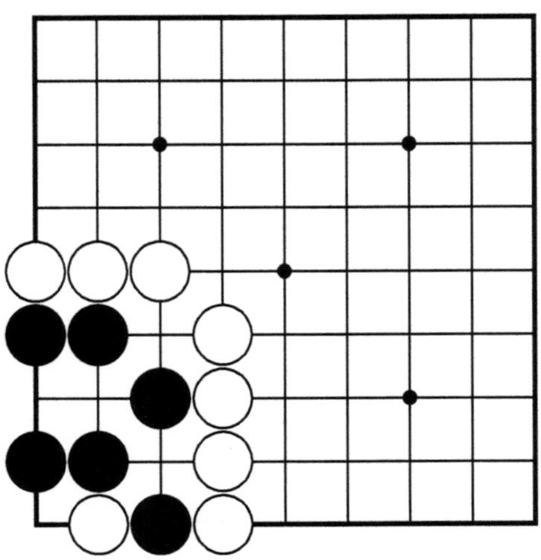

Schwarz am Zug.

Wie sichern Sie das Leben Ihrer Steine?

92

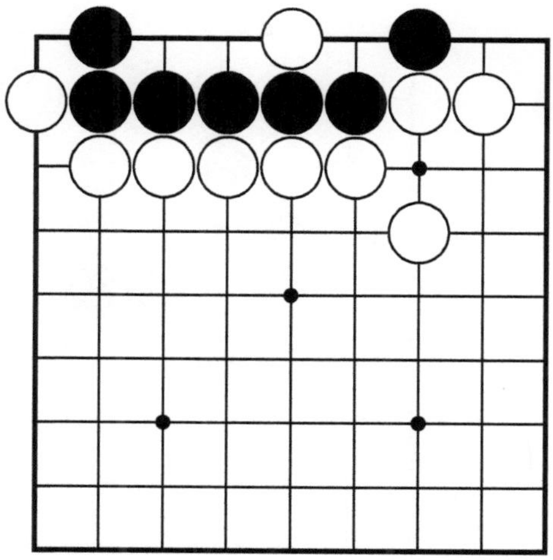

Schwarz am Zug ...

... und sichert das Leben seiner Steine!

93

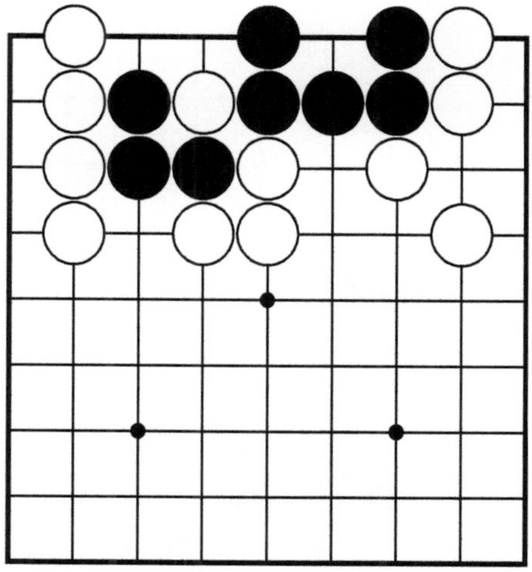

Schwarz am Zug.

Mit welchem Zug sichern Sie Ihre Stellung?

94

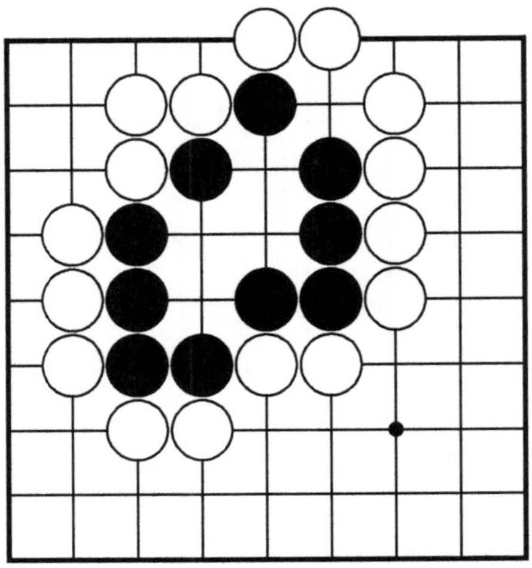

Schwarz am Zug.

Mit welchem Zug sichern Sie Ihre Stellung?

95

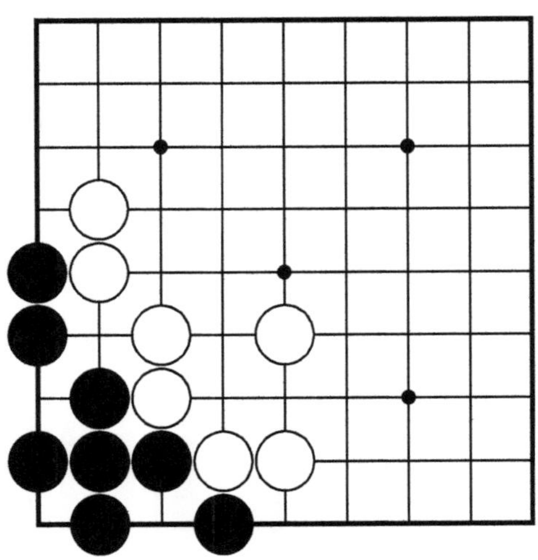

Schwarz am Zug ...

... und sichert das Leben seiner Steine!

96

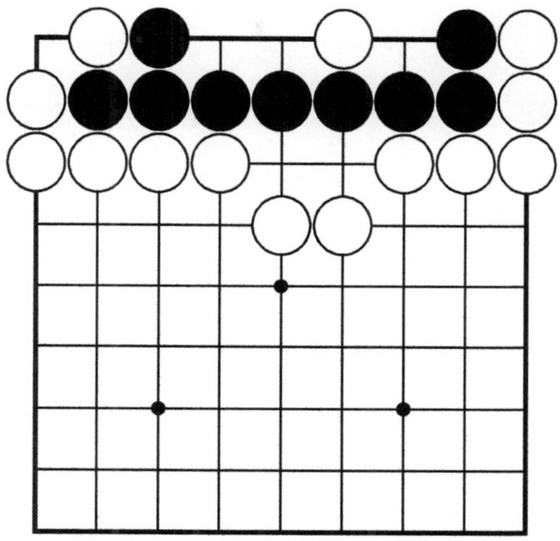

Schwarz am Zug ...

... und sichert das Leben seiner Steine!

97

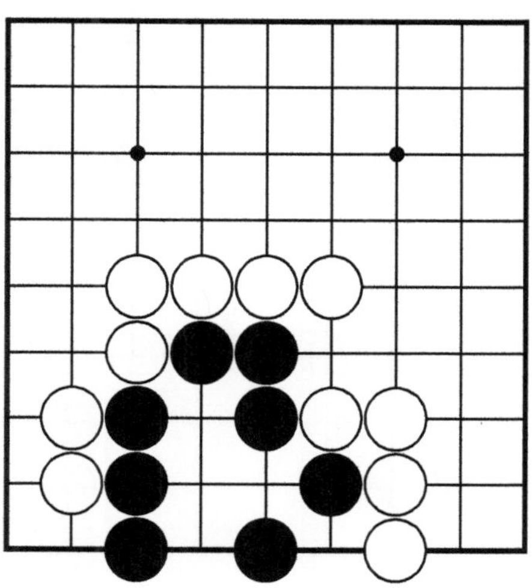

Schwarz am Zug ...

... und sichert das Leben seiner Steine!

98

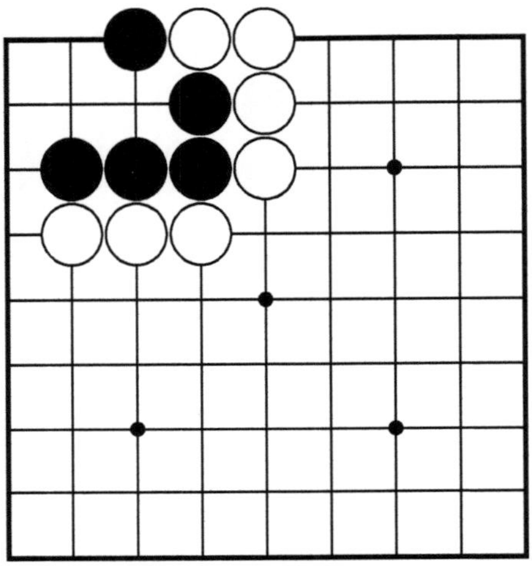

Schwarz am Zug.

Mit welchem Zug können Sie Ihre Stellung sichern?

99

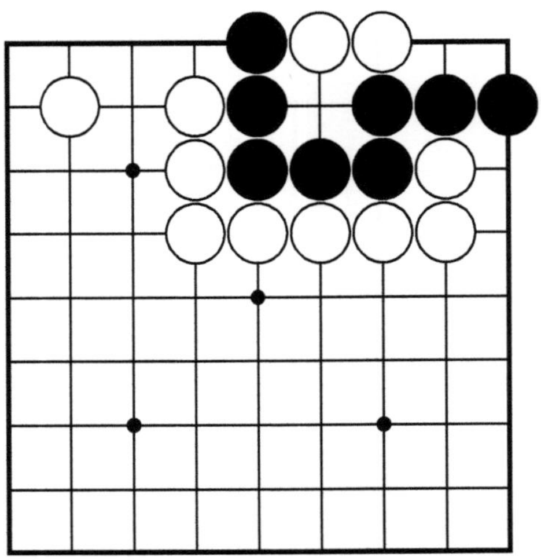

Tod

Leben und Tod liegen im Go-Spiel nah beeinander. Ihren Steinen müssen Sie zum Leben helfen, gegnerische Gruppen dürfen Sie töten.

Welcher Zug tötet die weiße Stellung?

100

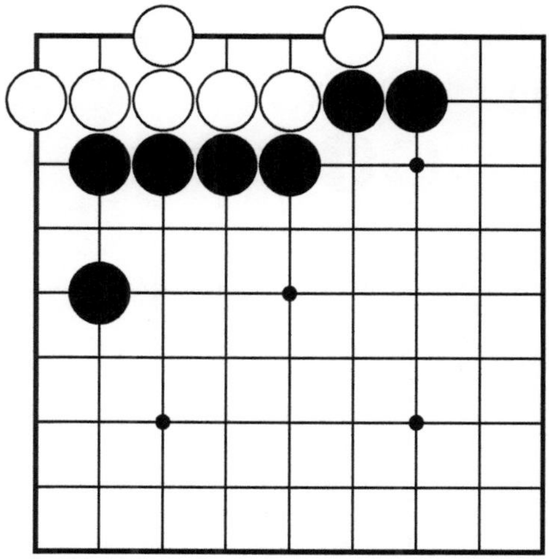

Schwarz am Zug.

Welches ist der vitale Punkt in der weißen Stellung?

101

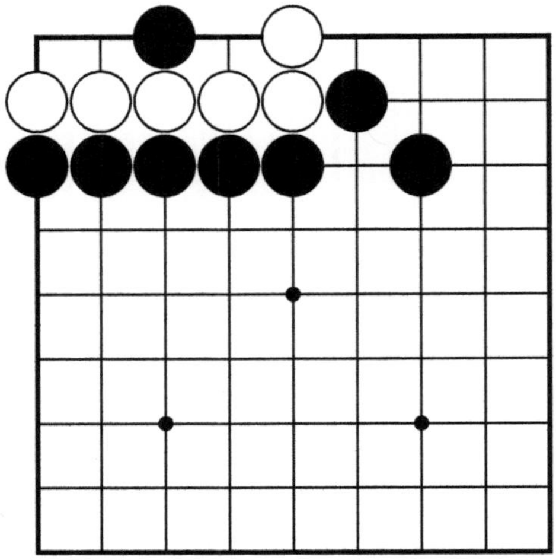

Schwarz am Zug.

Wie kann Schwarz die weißen Steine töten?

102

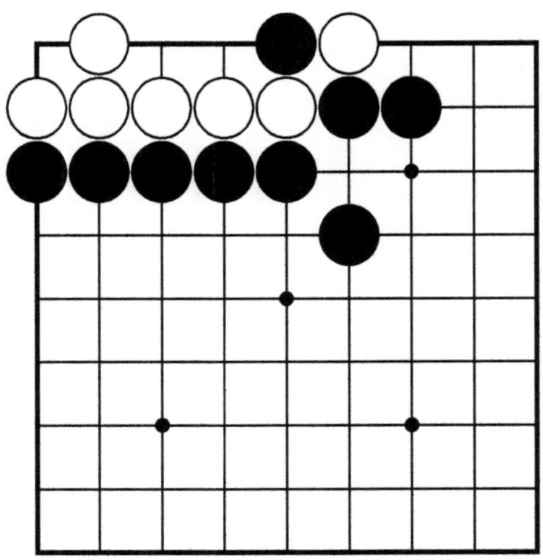

Schwarz am Zug ...

... und tötet die weißen Steine!

103

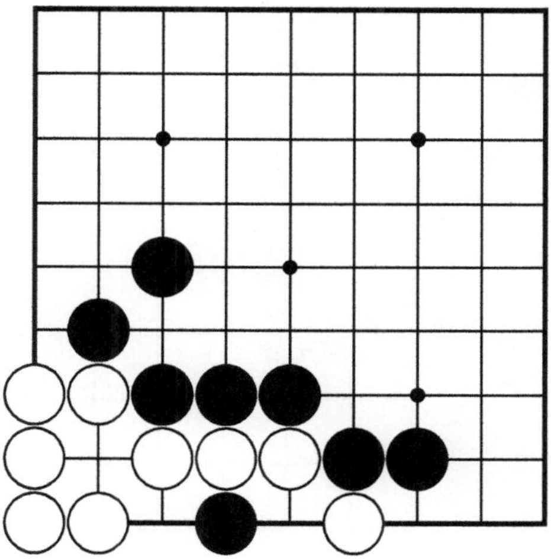

Schwarz am Zug ...

... und besetzt den Schwachpunkt der weißen Stellung!

104

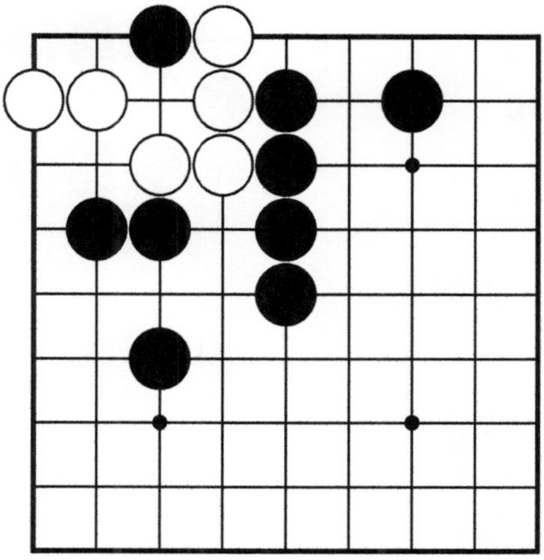

Schwarz am Zug ...

... und tötet die weißen Steine?

105

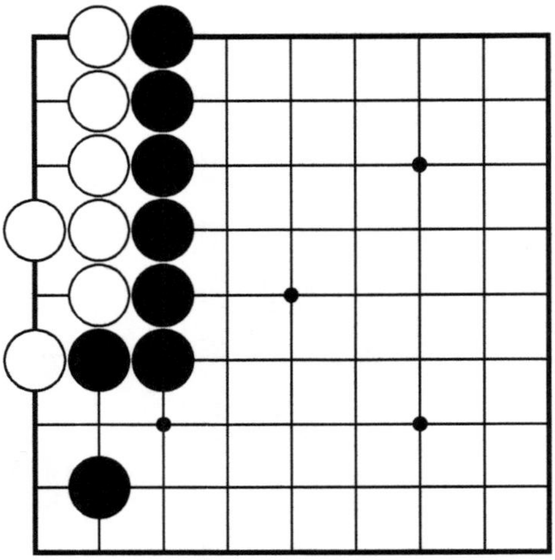

Schwarz am Zug ...

... und tötet die weiße Stellung!

106

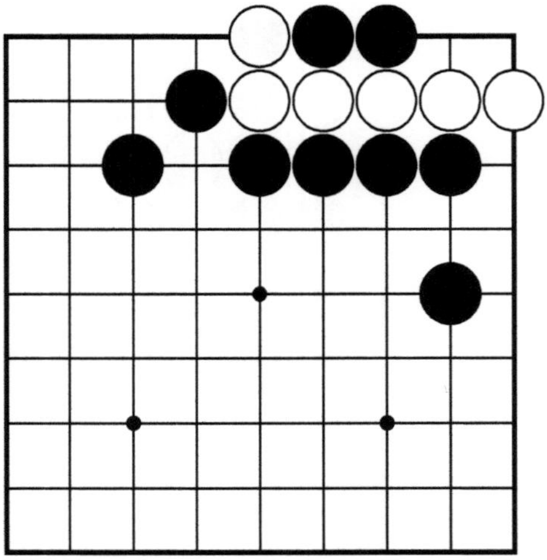

Schwarz am Zug.

Wo ist der vitale Punkt in der weißen Stellung?

107

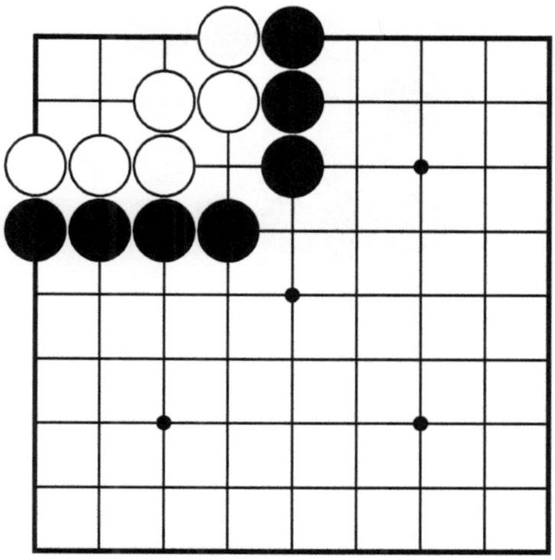

Schwarz am Zug.

Wie können Sie den einzelnen Stein ausnutzen und die weiße Gruppe töten?

108

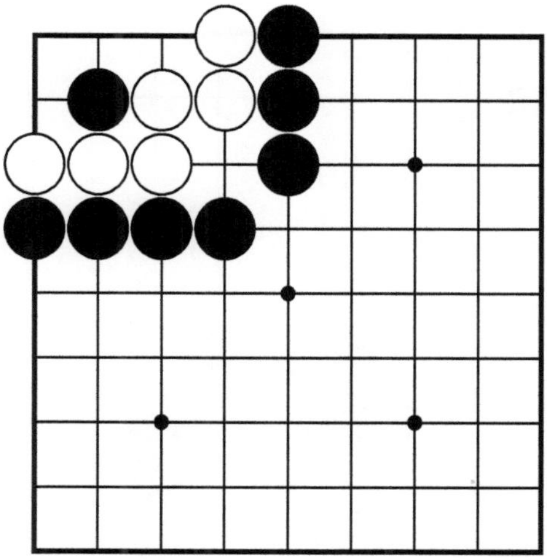

Schwarz am Zug.

Wie können Sie die weiße Stellung töten?

109

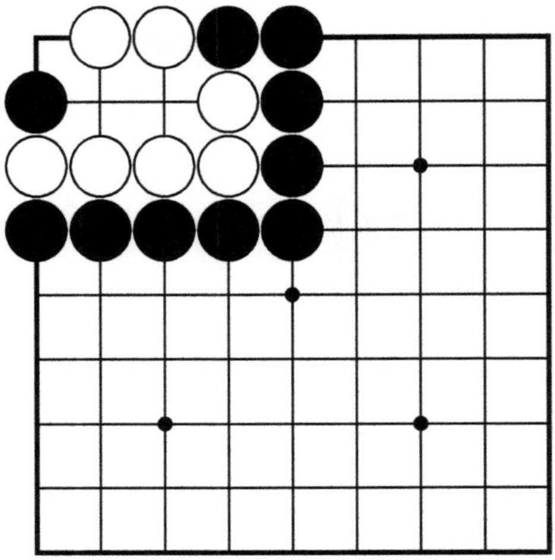

Schwarz am Zug.

Wie können Sie die weiße Stellung töten?

110

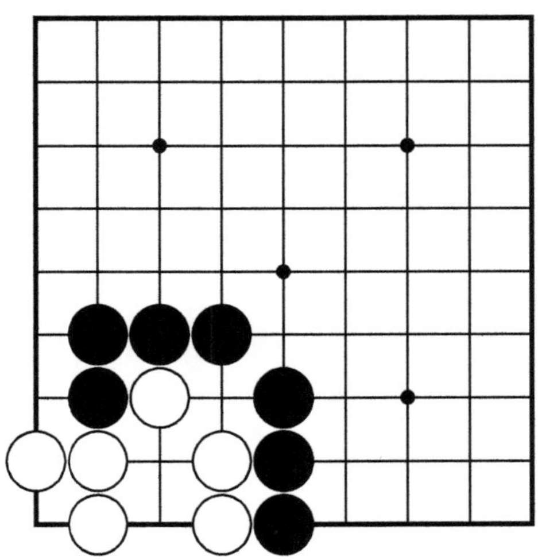

Seki

Im Go-Spiel gibt es einen Zustand zwischen Leben und Tod: Das Seki. Da keiner den anderen schlagen kann, bleiben beide Seiten der Stellung fern.

Versuchen Sie, die weißen Steine zu schlagen! Beginnen Sie auf A oder B?

111

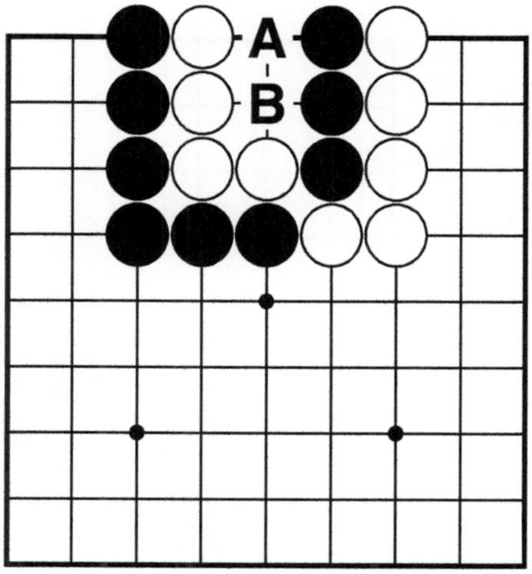

Schwarz am Zug ...

... und erreicht ein Seki!

112

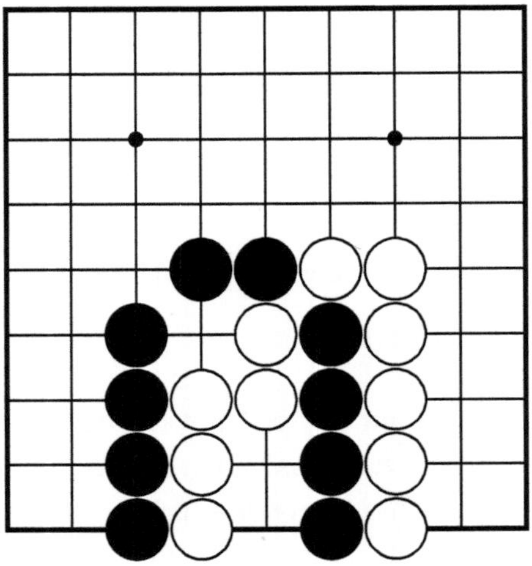

Schwarz am Zug ...

... und erreicht ein Seki!

113

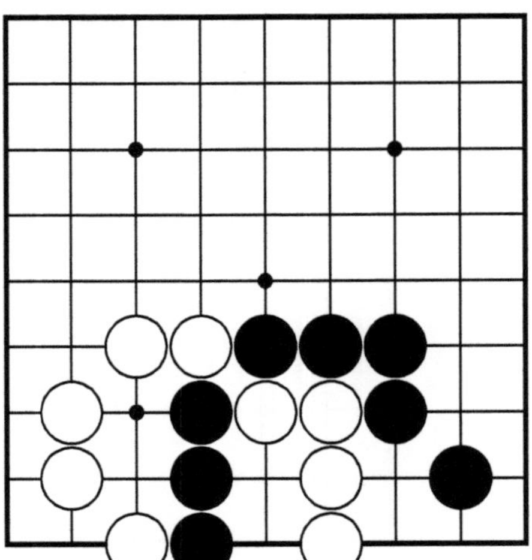

Schwarz am Zug.

Handelt sich hier um ein Seki oder können Sie die weißen Steine fangen?

114

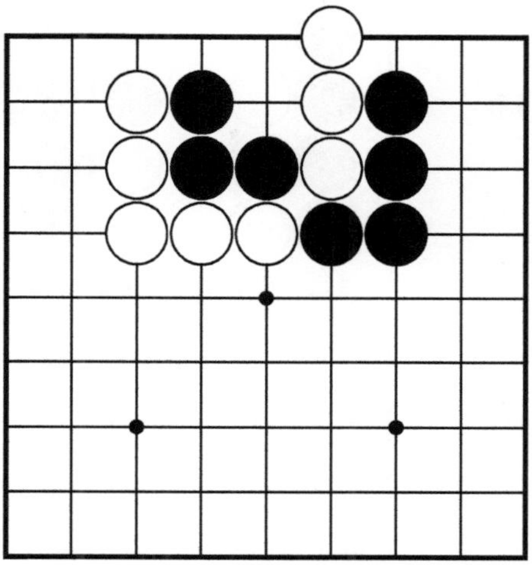

Schwarz am Zug.

Handelt sich hier um ein Seki oder können Sie die weißen Steine fangen?

115

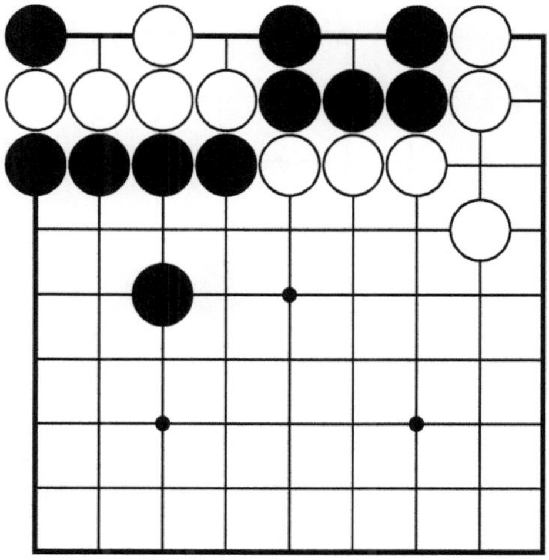

Schwarz am Zug ...

... und erreicht ein Seki!

116

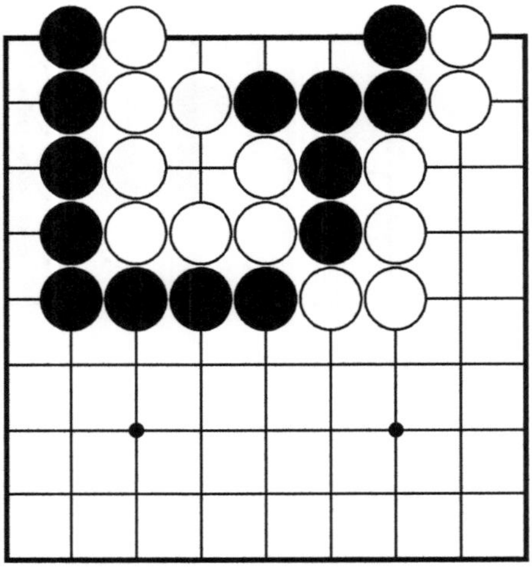

Schwarz am Zug ...

... und erreicht ein Seki!

117

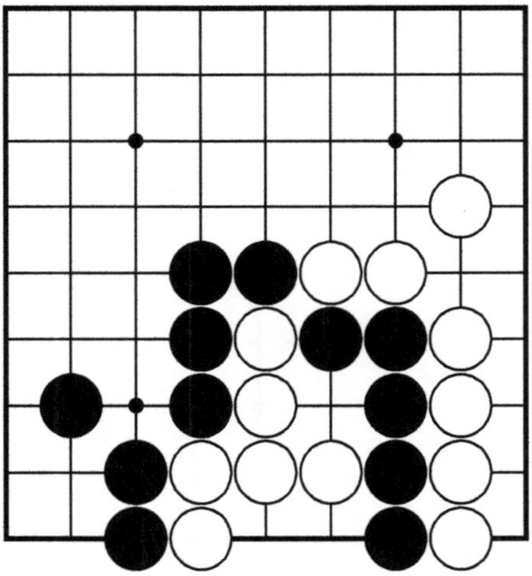

Schwarz am Zug.

Handelt sich hier um ein Seki oder können Sie die weißen Steine fangen?

118

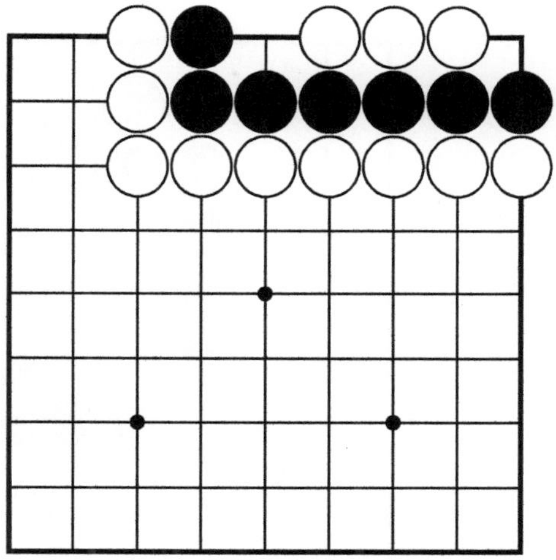

Schwarz am Zug.

Handelt sich hier um ein Seki oder können Sie die weißen Steine fangen?

119

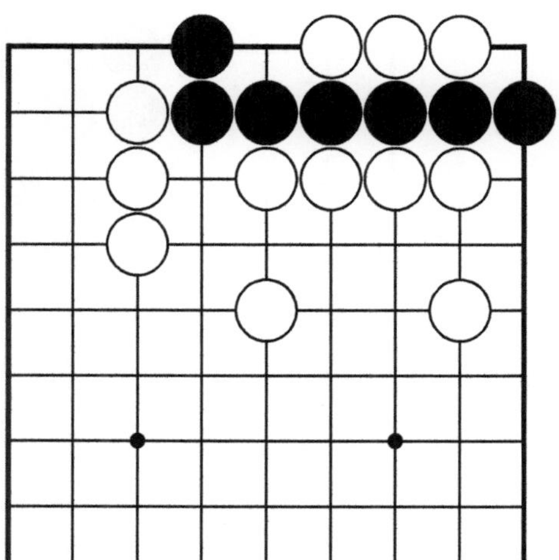

Schwarz am Zug ...

... und erreicht ein Seki!

120

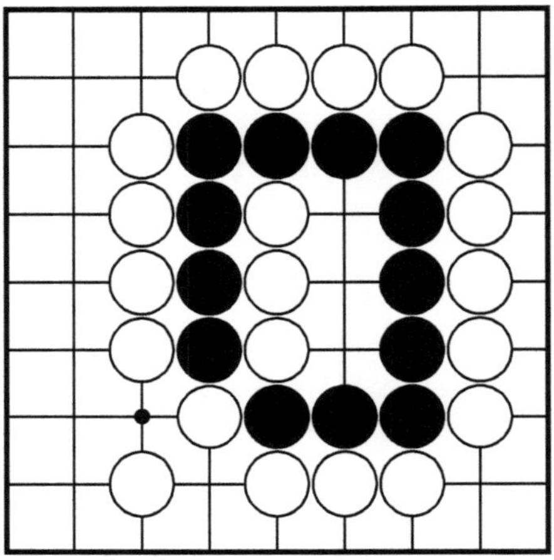

Schwarz am Zug.

Wo sollten Sie spielen?

121

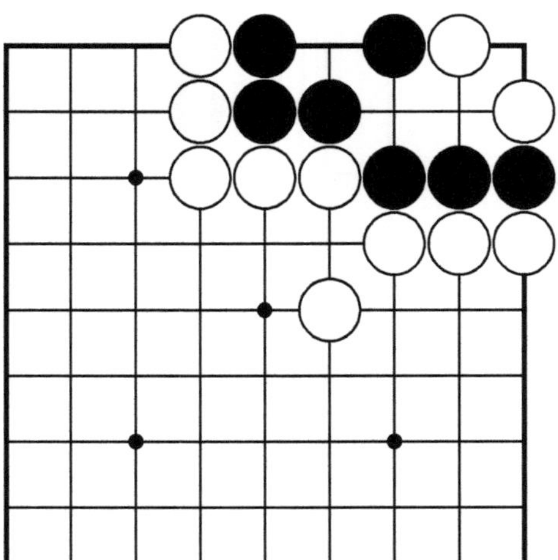

Wiederholung

Nun wollen wir sehen, ob sie alle Techniken anwenden können. Es gibt einige Übungen zur Wiederholung!

Fangen Sie drei weiße Steine!

122

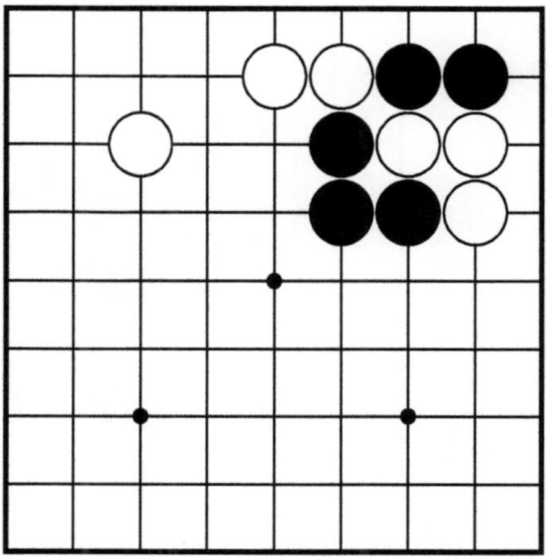

Schwarz am Zug.

Von welcher Seite müssen Sie Atari geben, um den einzelnen weißen Stein zu fangen?

123

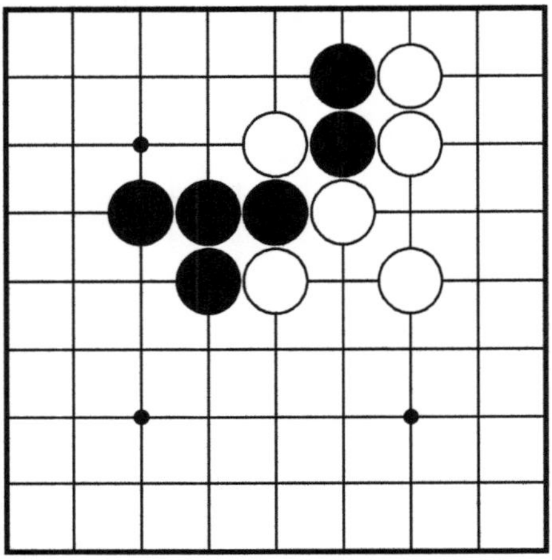

Schwarz am Zug.

Welchen weißen Stein sollten sie schlagen?

124

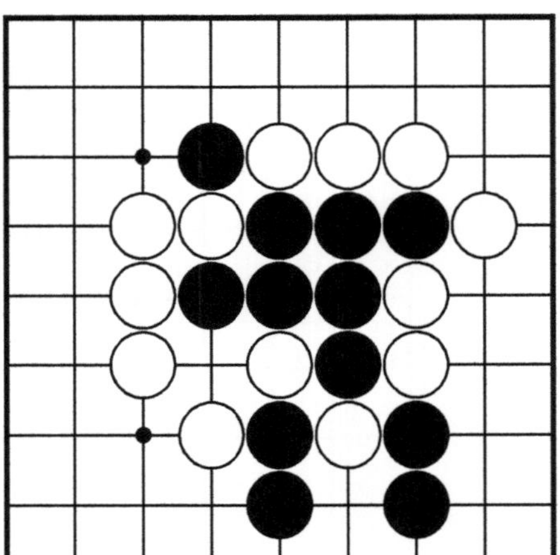

Schwarz am Zug.

Wie kann Schwarz zwei Steine fangen?

125

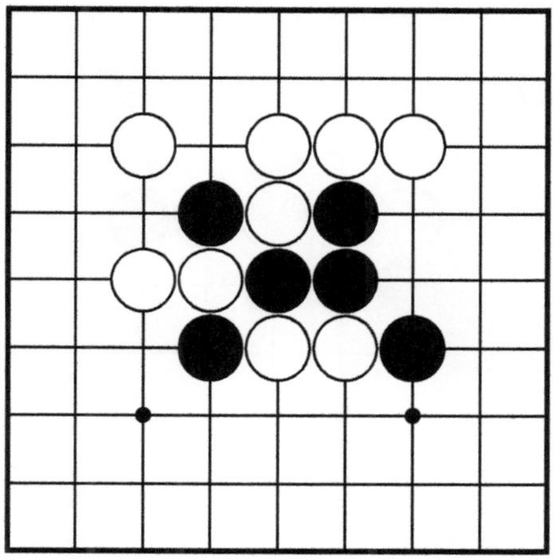

Schwarz am Zug.

Der einzelne schwarze Stein ist noch nicht verloren.
Wie würden Sie hier spielen?

126

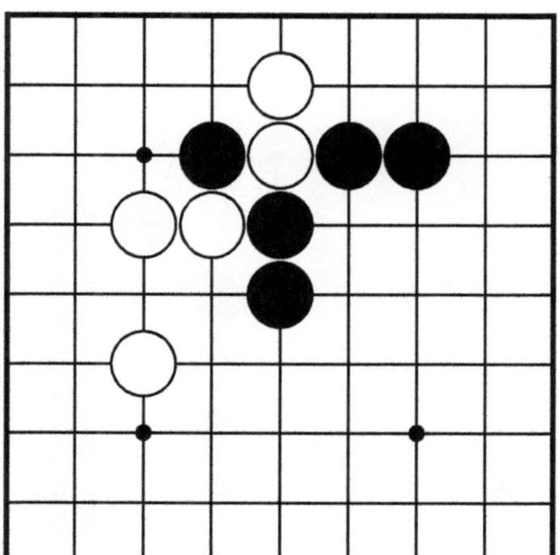

Schwarz am Zug ...

... und fängt weiße Steine!

127

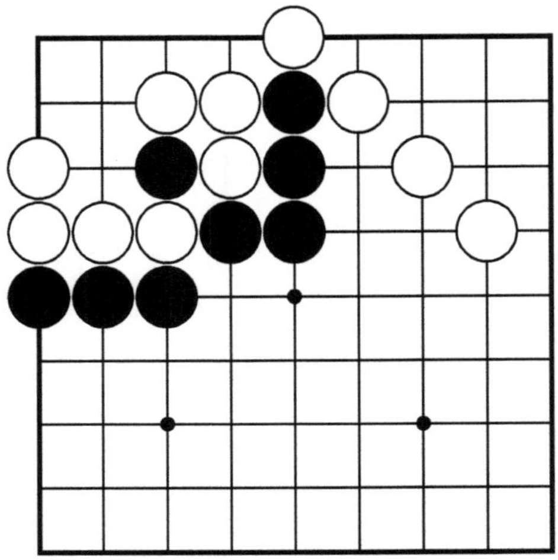

Schwarz am Zug.

Die schwarzen Steine sind noch nicht verloren. Wie müssen Sie spielen, damit Ihre Steine in Seki leben?

128

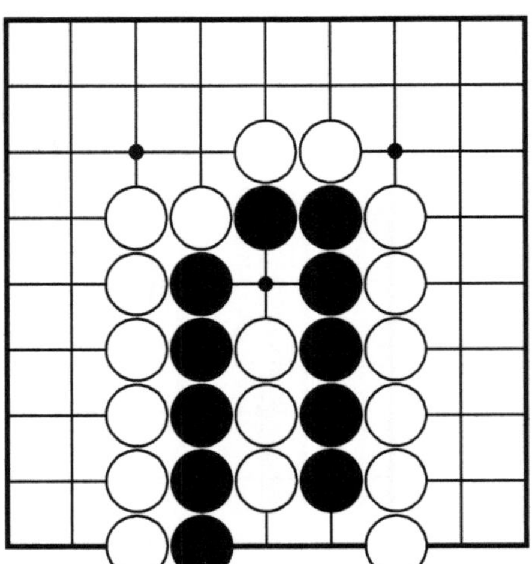

Schwarz am Zug ...

... und fängt weiße Steine!

129

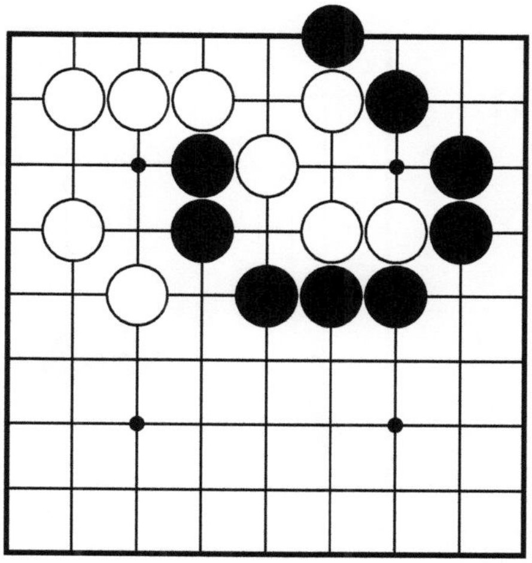

Schwarz am Zug ...

... und fängt weiße Steine!

130

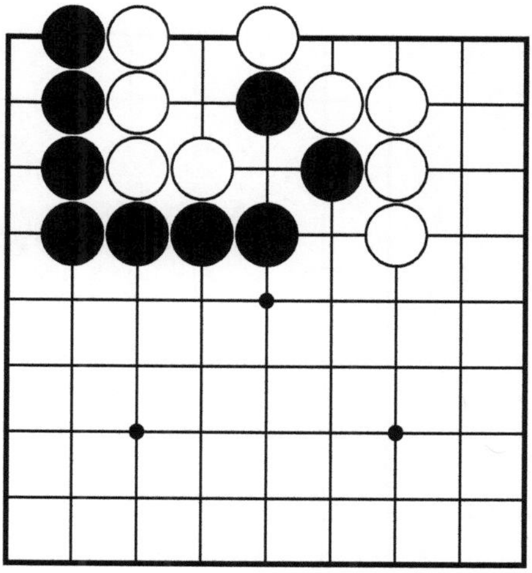

Schwarz am Zug.

Verbinden Sie Ihre Steine, indem Sie den Schnittstein fangen!

131

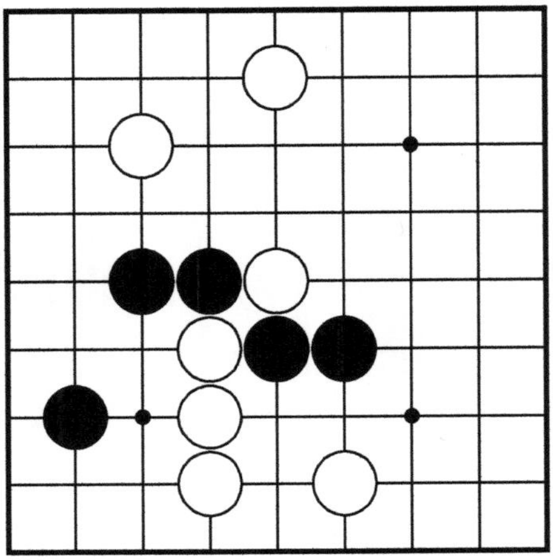

Schwarz am Zug.

Retten Sie die markierten Steine, indem Sie die zwei weißen fangen!

132

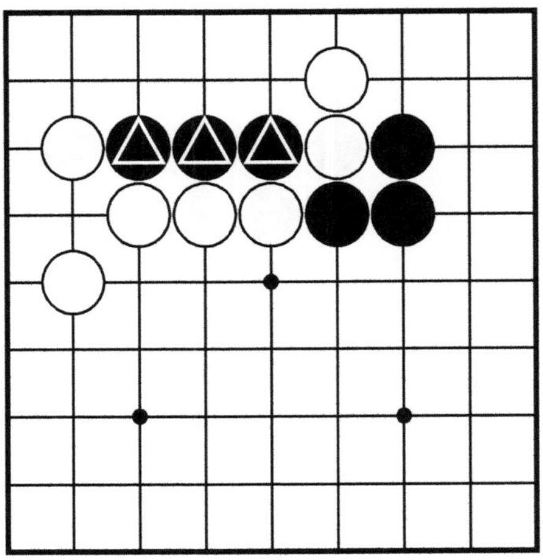

Endspiel

Zum Ende einer Partie hin müssen die letzten Grenzen geschlossen werden. Gibt es eine Schwachstelle beim Gegner, dann können Sie noch Punkte herausholen.

Nutzen Sie die Schwachstelle in der weißen Stellung aus!

133

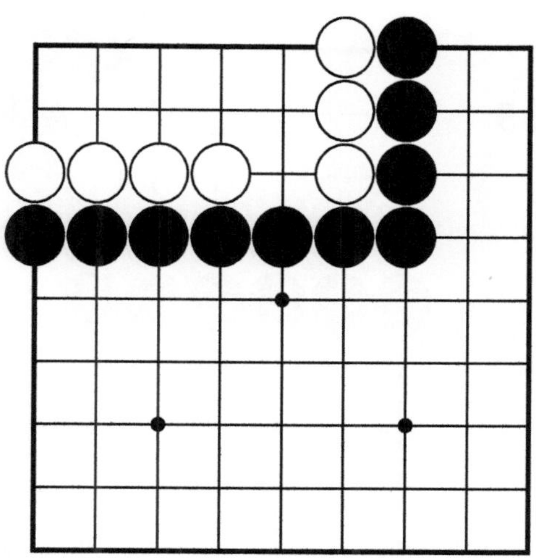

Schwarz am Zug.

Ist das weiße Gebiet sicher oder können Sie noch ein paar Punkte „abzweigen"?

134

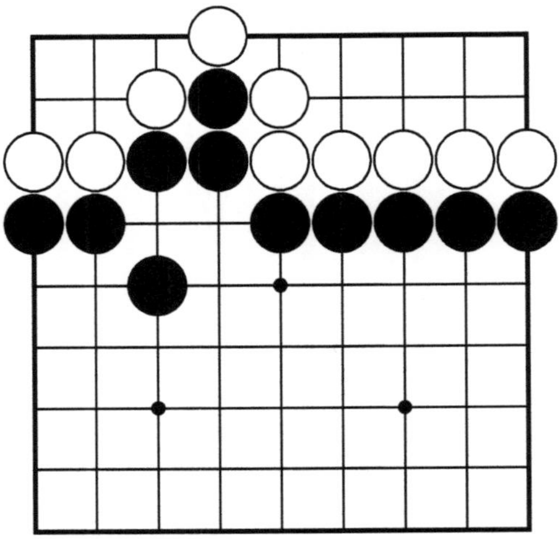

Schwarz am Zug.

Ist das weiße Gebiet sicher oder können Sie noch ein paar Punkte abschneiden?

135

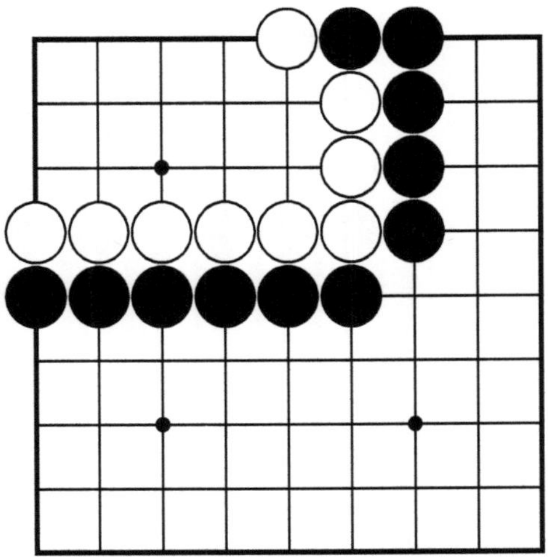

Schwarz.

Handelt es sich bei Schwarz 1 um einen guten Zug?

136

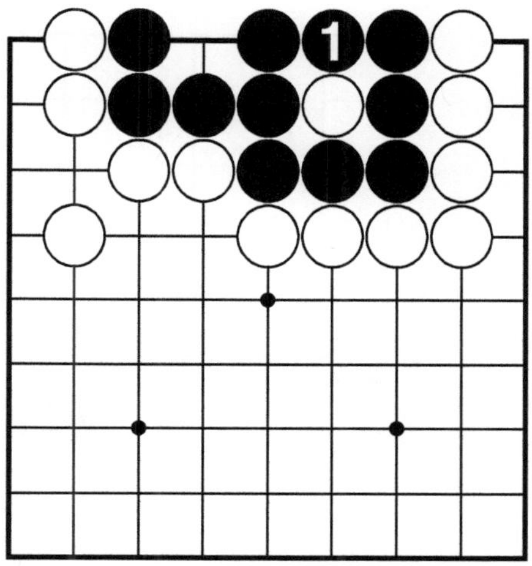

Schwarz.

Handelt es sich bei Schwarz 1 um einen guten Zug?

137

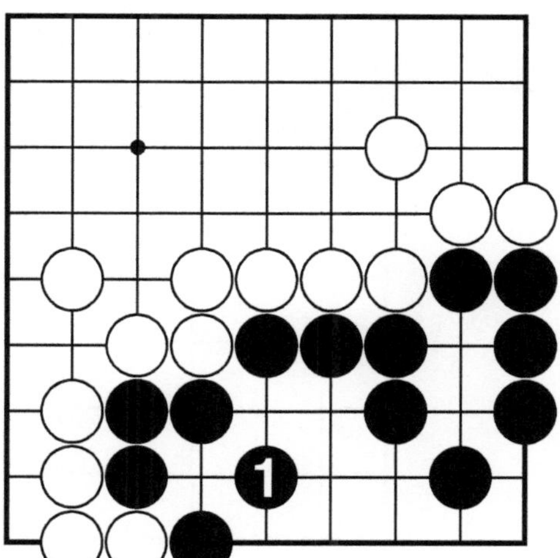

Schwarz am Zug.

Ist das weiße Gebiet sicher oder können Sie noch ein paar Punkte abschneiden?

138

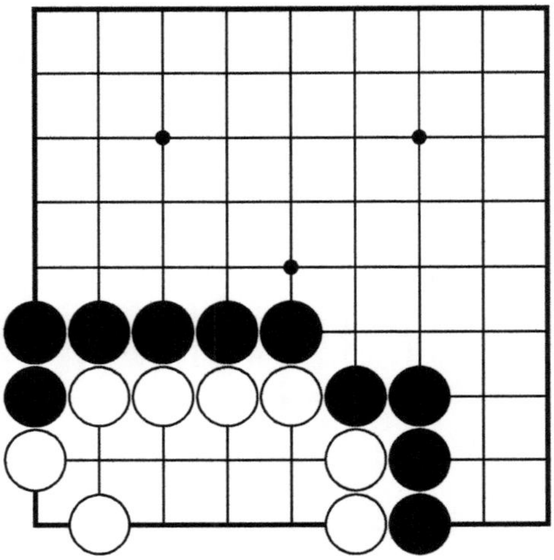

Schwarz am Zug.

An Ihrer Gebietsgrenze gibt es noch eine Schwachstelle. Wie verteidigen Sie diese?

139

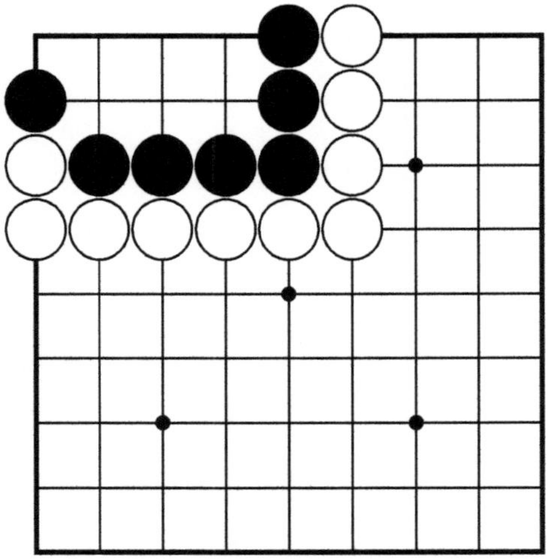

Schwarz am Zug.

Ist das weiße Gebiet sicher oder können Sie noch ein paar Punkte abschneiden?

140

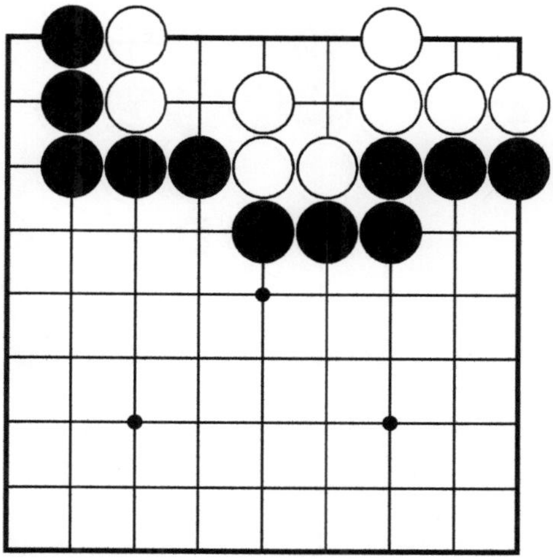

Schwarz am Zug.

Ist das schwarze Gebiet rechts unten sicher oder müssen Sie noch einen Zug investieren?

141

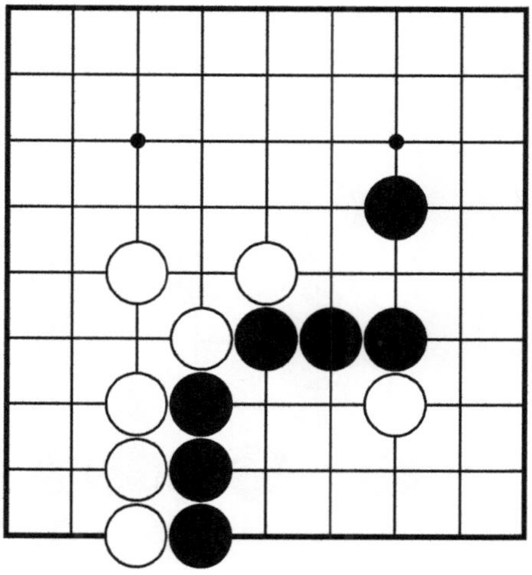

Schwarz am Zug.
Welcher Endspielzug ist größer: A oder B?

142

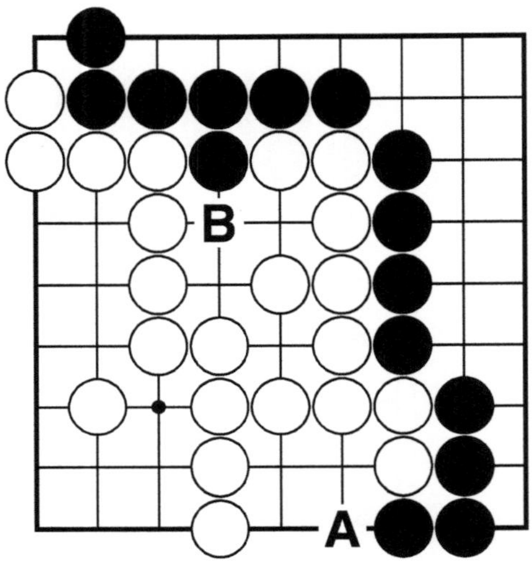

Schwarz am Zug.
Welcher Endspielzug ist größer: A oder B?

143

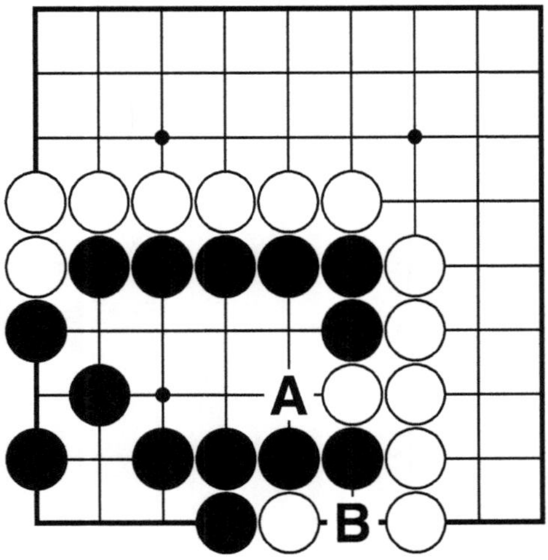

Lösungen

Schwarz 1 schlägt drei Steine. Nachdem diese vom Brett genommen wurden, hat der schwarze Stein noch eine Freiheit: A. Der Zug ist also zulässig.

1

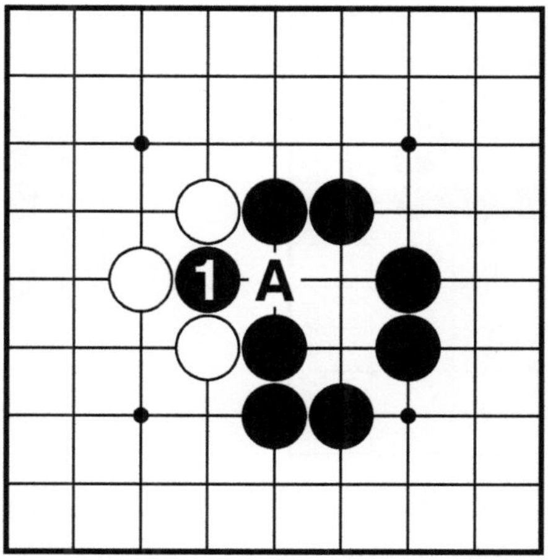

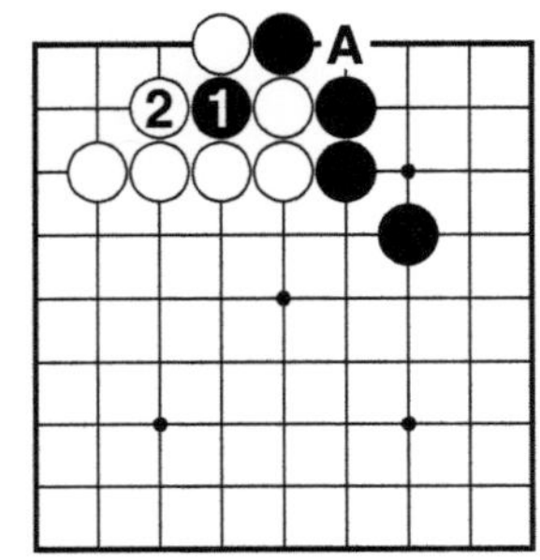

[2] Schwarz 1 ist erlaubt, aber fragwürdig, denn Weiß schlägt sofort auf 2. Weiß kann auch auf A schlagen, so ist der Stein ebenfalls verloren.

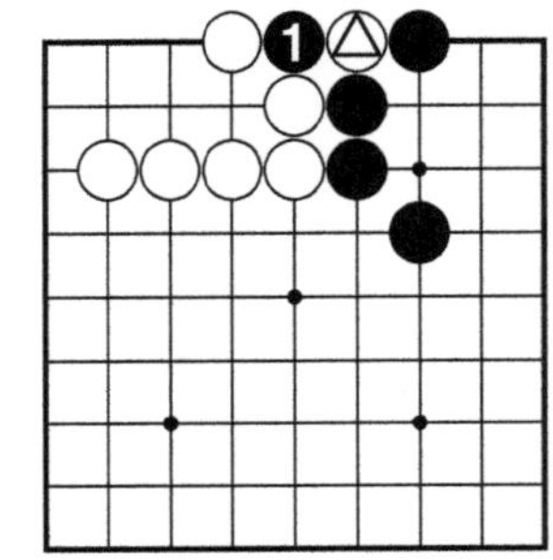

[3] Schwarz 1 ist erlaubt, er schlägt den markierten Stein. Weiß kann nicht zurückschlagen, denn dies ist ein Ko.

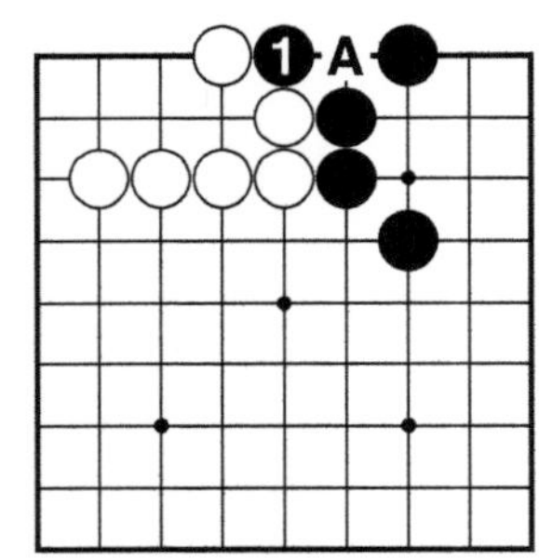

[4] Schwarz 1 ist erlaubt. Weiß kann sofort auf A schlagen, denn Schwarz hat hier keinen Stein geschlagen. Der Zug ist somit nicht gut.

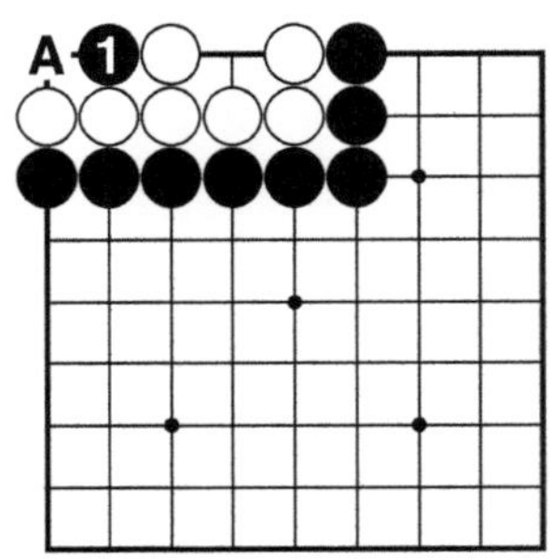

[5] Schwarz 1 ist erlaubt, aber fragwürdig. Weiß könnte sofort auf A schlagen.

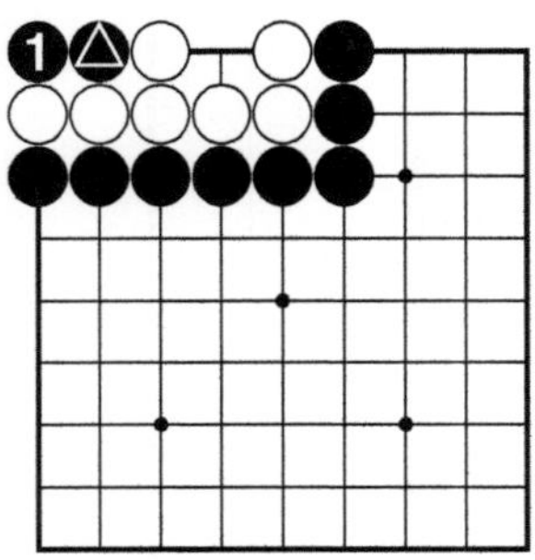

[6] Schwarz 1 ist Selbstmord, daher nicht zulässig. Weiß muss also nicht auf A in Lösung 5 schlagen.

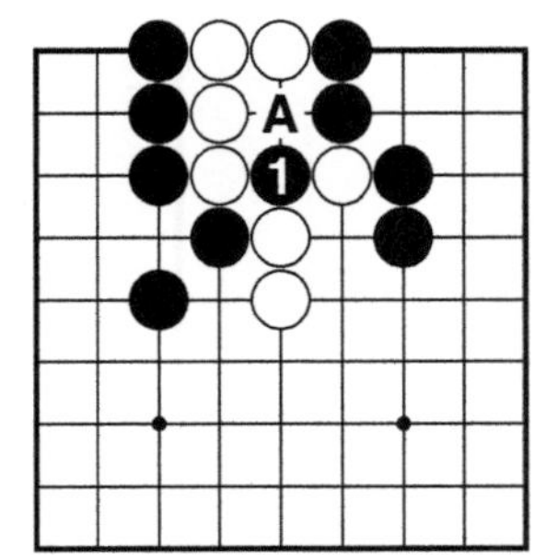

[7] Schwarz 1 ist erlaubt. Weiß kann zwar schlagen, steht dann aber selbst in Atari. Schwarz schlägt dann fünf Steine auf 1.

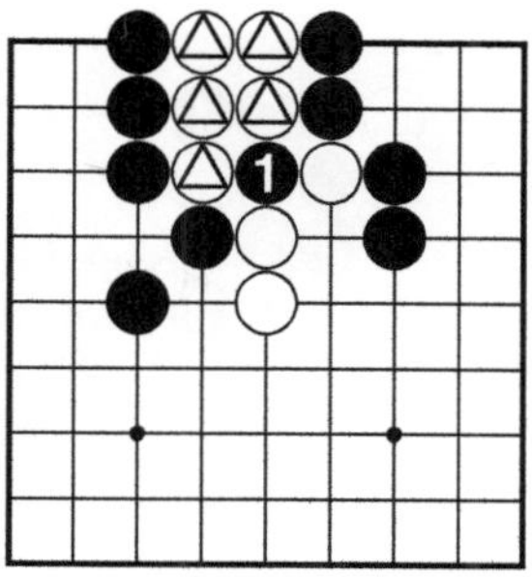

[8] Schwarz 1 besetzt die letzte Freiheit der markierten Steine und schlägt diese. Danach hat der Stein zwei Freiheiten.

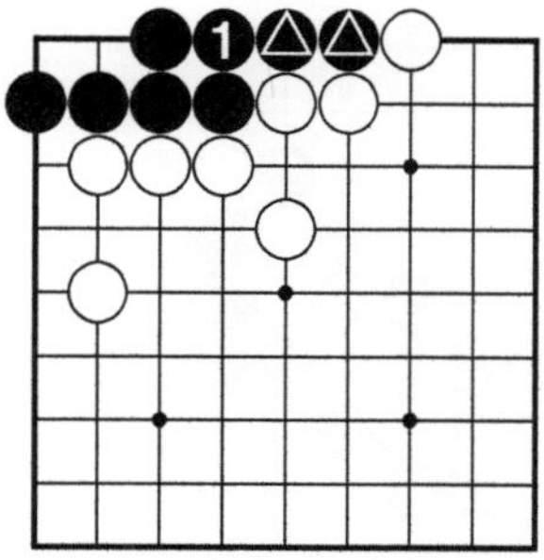

[9] Schwarz 1 deckt zwei Steine. Der Zug ist zulässig, aber fragwürdig, da die Gruppe nur ein Auge hat und nicht lebt.

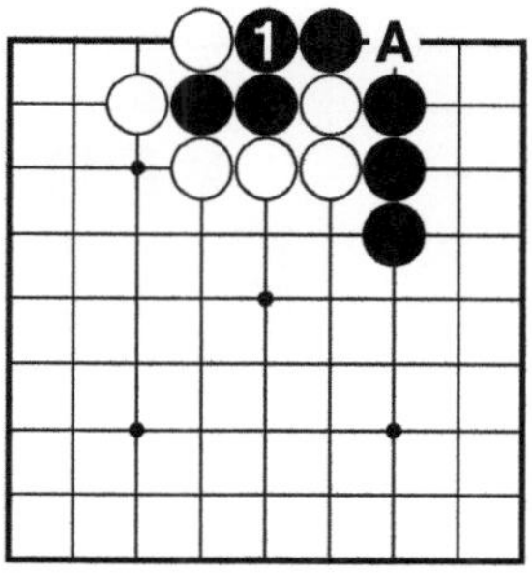

[10] Schwarz 1 deckt zwei Steine, aber Weiß kann nun auf A vier Steine schlagen.

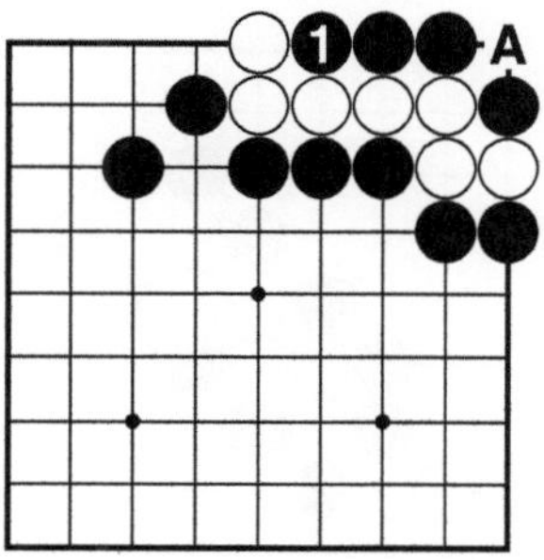

[11] Schwarz 1 ist erlaubt, aber Selbst-Atari. Weiß schlägt nun auf A.

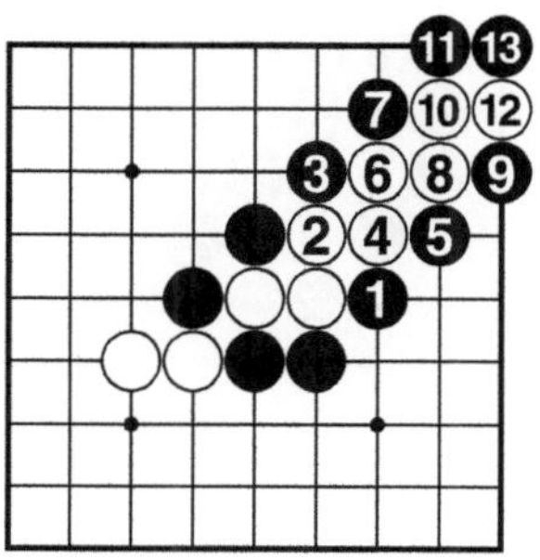

[12] Schwarz 1 beginnt die Treppe. Am Rand kann Weiß nicht mehr entkommen.

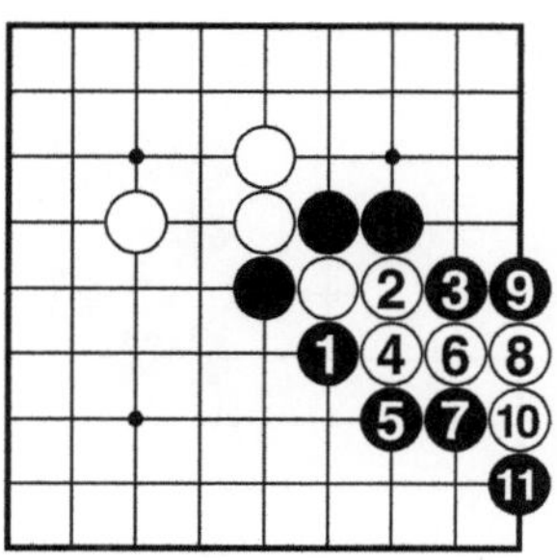

[13] Schwarz 1 beginnt die Treppe. Am Rand kann Weiß nicht mehr entkommen.

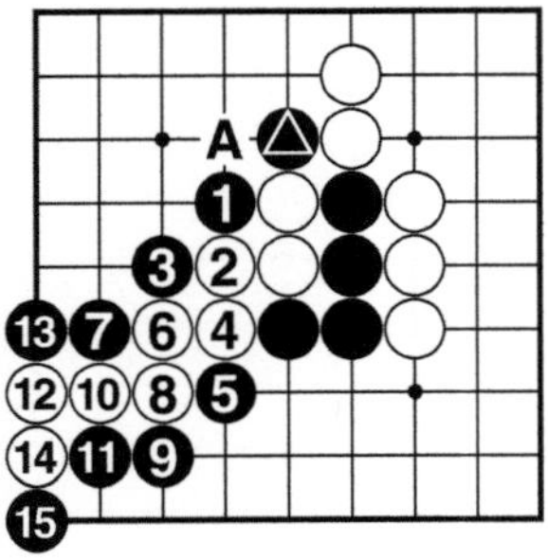

[14] Schwarz 1 beginnt die Treppe. Eine Treppe auf 2 läuft für Schwarz nicht, denn Weiß bekommt so ein Atari auf A und entkommt.

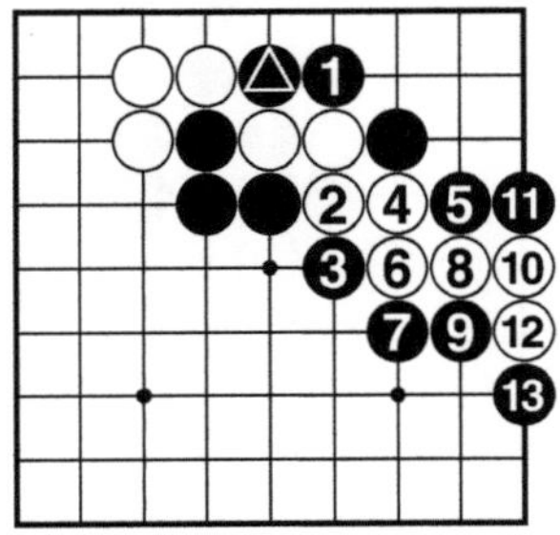

[15] Schwarz 1 beginnt die Treppe. Schwarz 1 auf 2 wäre ein Fehler, da Weiß dann den markierten Stein fängt.

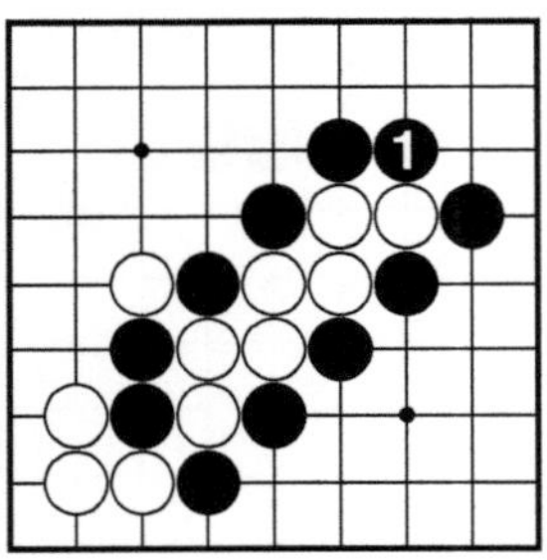

[16] Schwarz 1 schlägt die weißen Steine in der Treppe und verteidigt so gegen das Doppel-Atari.

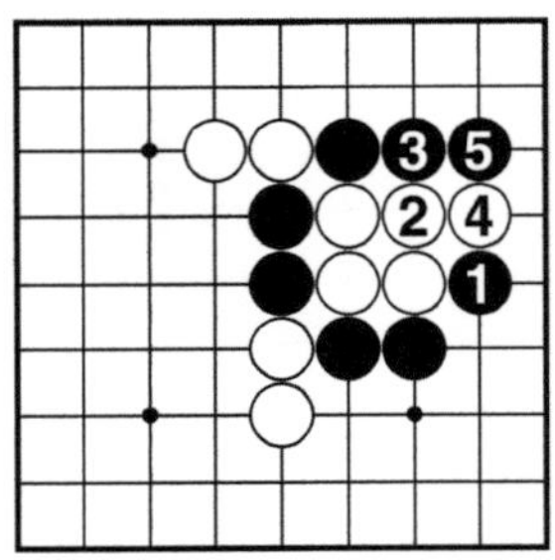

[17] Schwarz 1 beginnt die Treppe. Am Rand kann Weiß nicht mehr entkommen. Prüfen Sie es nach!

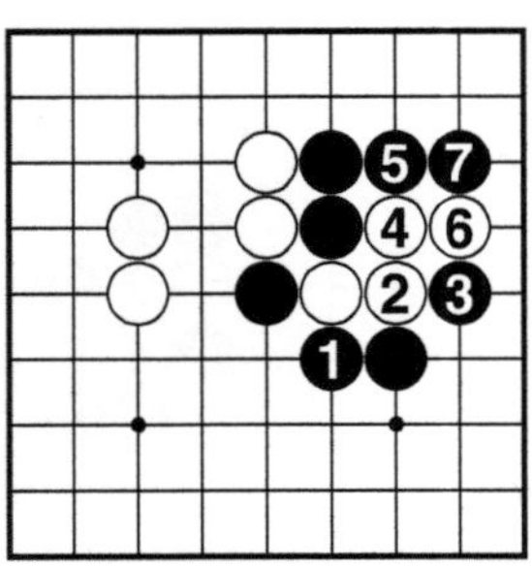

[18] Schwarz 1 beginnt die Treppe. Am Rand kann Weiß nicht mehr entkommen.

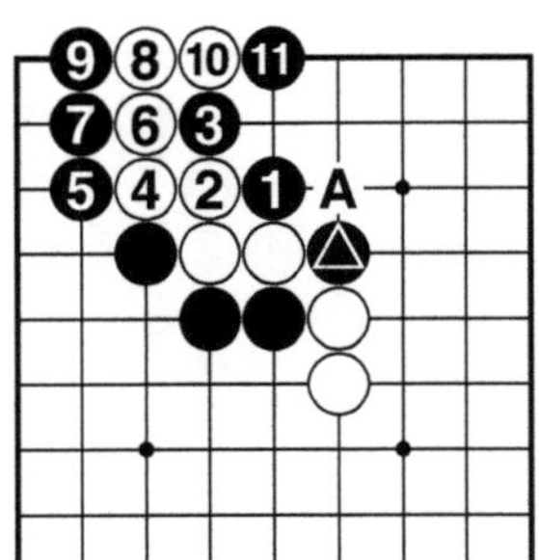

[19] Schwarz 1 beginnt die Treppe. Eine Treppe auf 2 läuft für Schwarz nicht, denn Weiß bekommt so ein Atari auf A und entkommt.

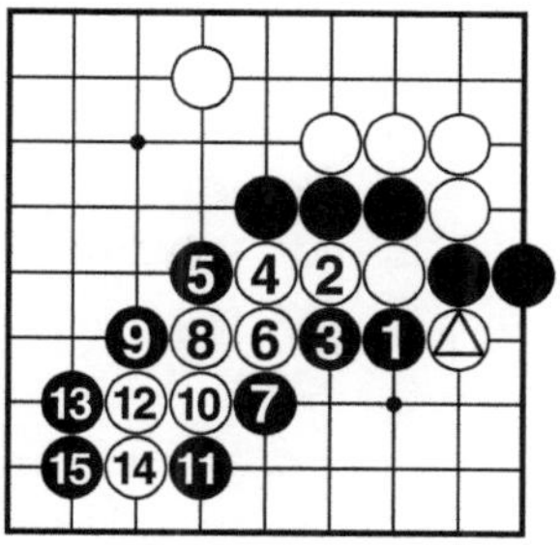

[20] Schwarz 1 beginnt die Treppe. Schwarz muss einmal mit 3 schieben, um ein Gegen-Atari durch den markierten Stein zu vermeiden.

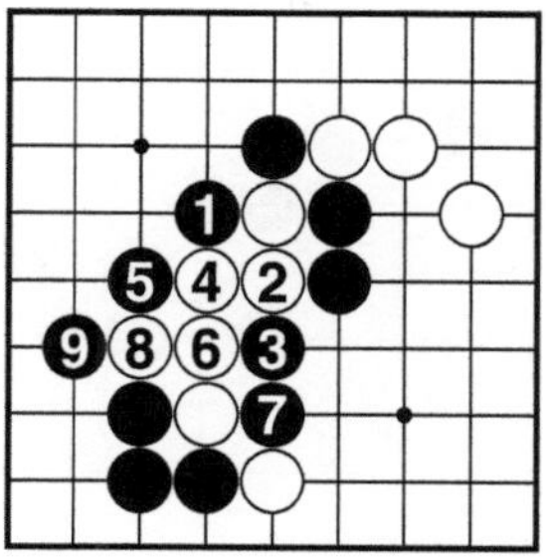

[21] Schwarz 1 beginnt die Treppe. Weiß kann nicht entkommen.

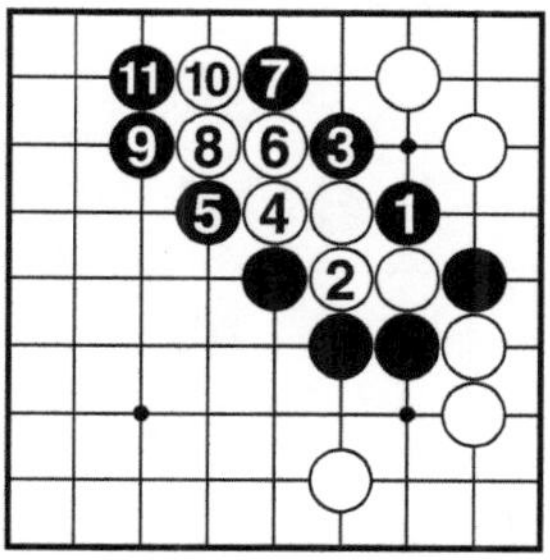

[22] Schwarz 1 beginnt die Treppe. Am Rand kann Weiß nicht mehr entkommen.

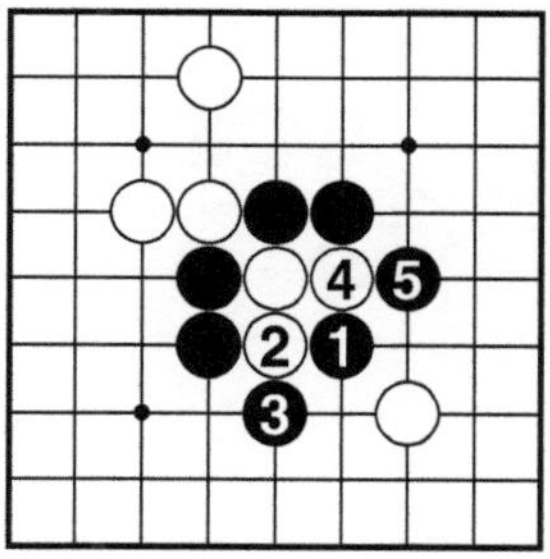

[23] Schwarz 1 ist ein Netz, aus dem der weiße Stein nicht entkommen kann.

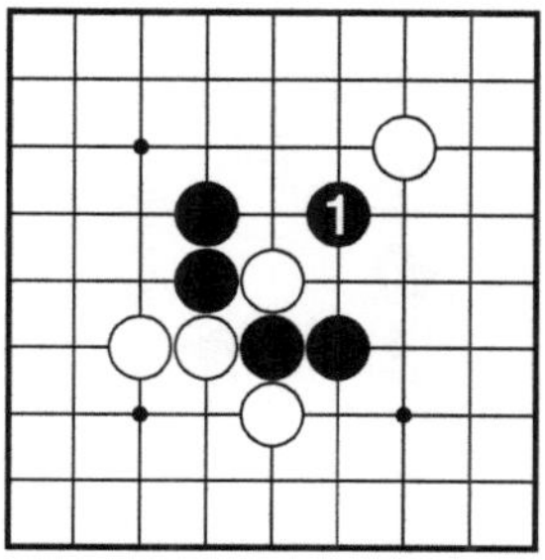

[24] Schwarz 1 ist das Netz, aus dem der weiße Stein nicht entkommen kann.

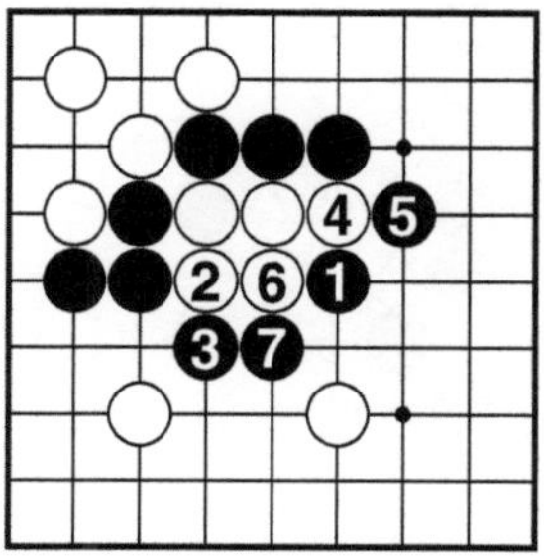

[25] Schwarz 1 ist das Netz, aus dem die weißen Steine nicht entkommen können.

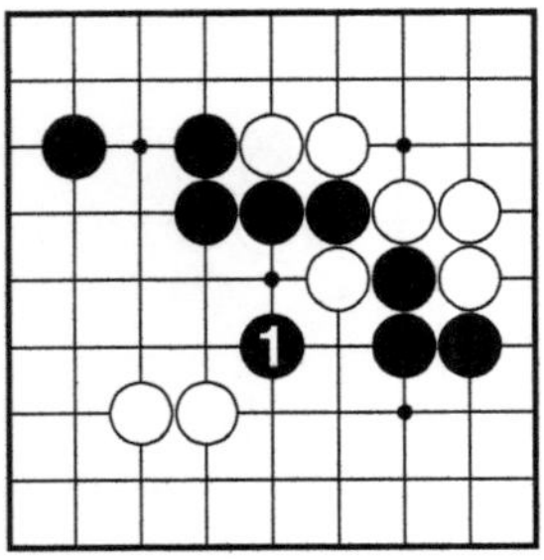

[26] Schwarz 1 ist das Netz, aus dem der weiße Stein nicht entkommen kann.

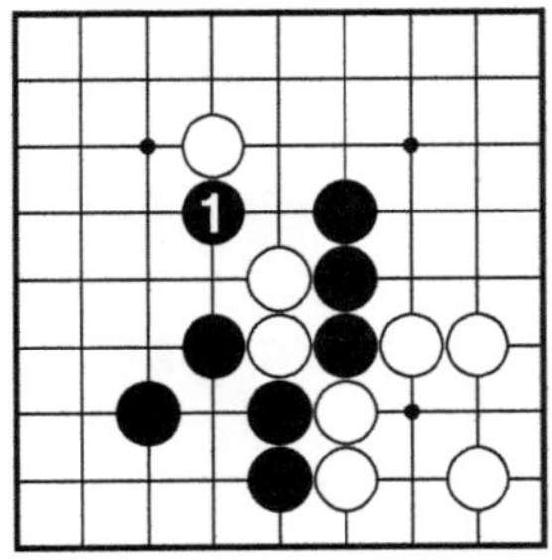

[27] Schwarz 1 ist das Netz, aus dem die weißen Steine nicht entkommen können.

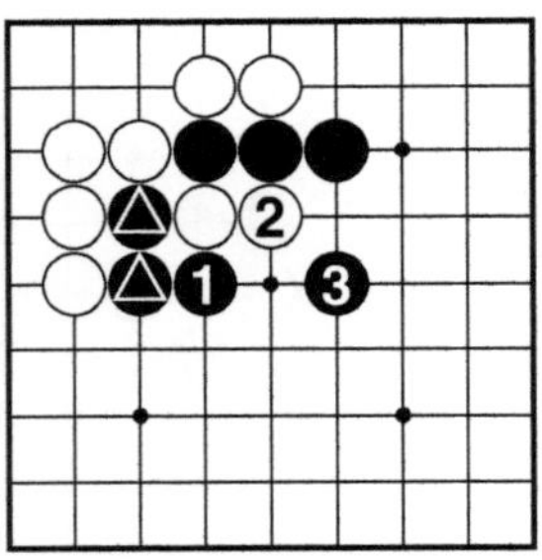

[28] Schwarz 1 bereitet das Netz auf 3 vor. Lässt Schwarz diesen Zug aus, dann kann Weiß auf 1 Atari geben.

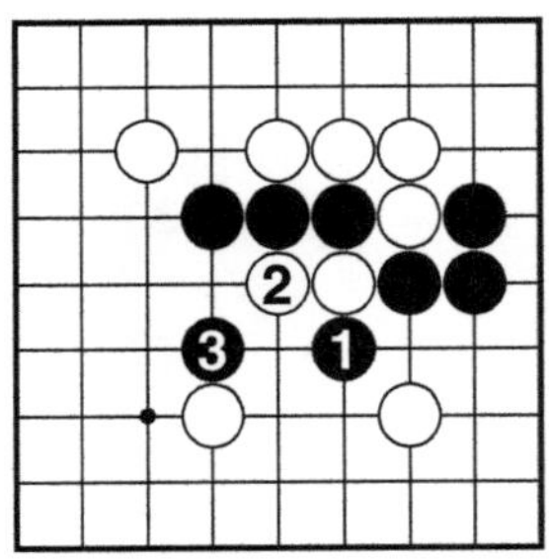

[29] Schwarz 1 ist notwendig und bereitet das Netz auf 3 vor.

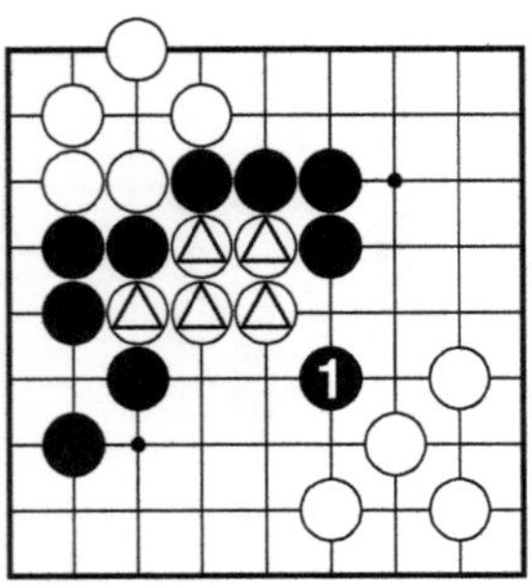

[30] Schwarz 1 ist das Netz, aus dem die weißen Steine nicht entkommen können.

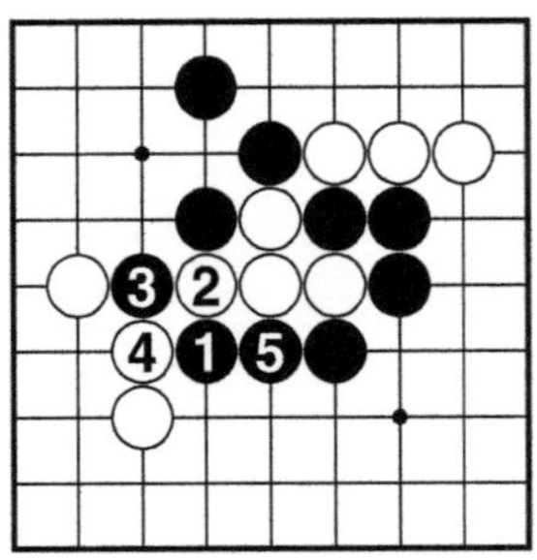

[31] Schwarz 1 ist das Netz. Schwarz ignoriert natürlich das Atari 4 und schlägt mit 5.

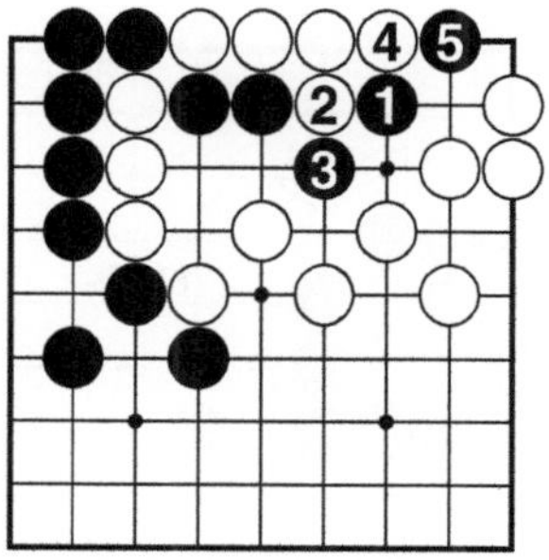

[32] Schwarz 1 ist das Netz, aus dem die weißen Steine nicht entkommen können.

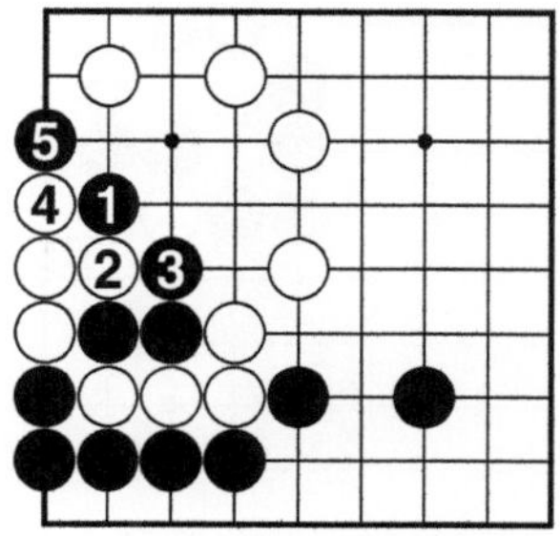

[33] Schwarz 1 ist das Netz, aus dem die weißen Steine nicht entkommen können.

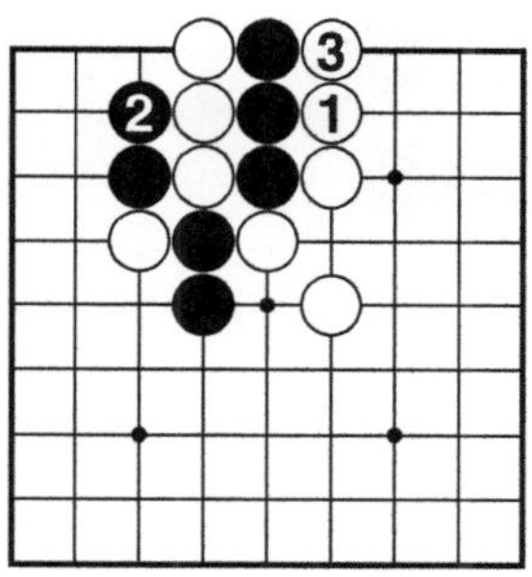

[34] Beginnt Weiß das Semeai, dann verliert Schwarz, denn Weiß ist einen Zug schneller.

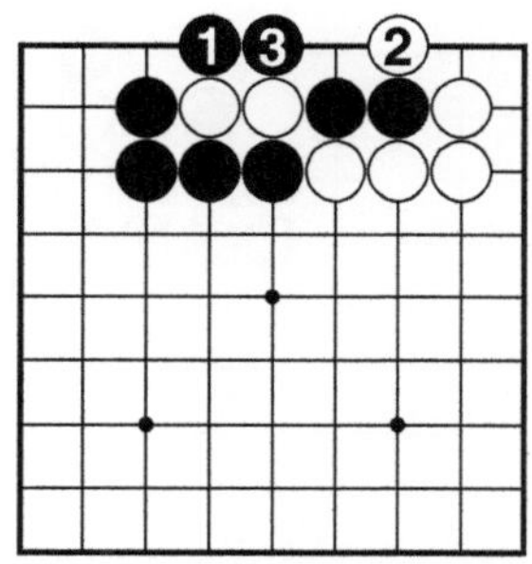

[35] Schwarz 1 beginnt den Wettlauf und gewinnt das Semeai.

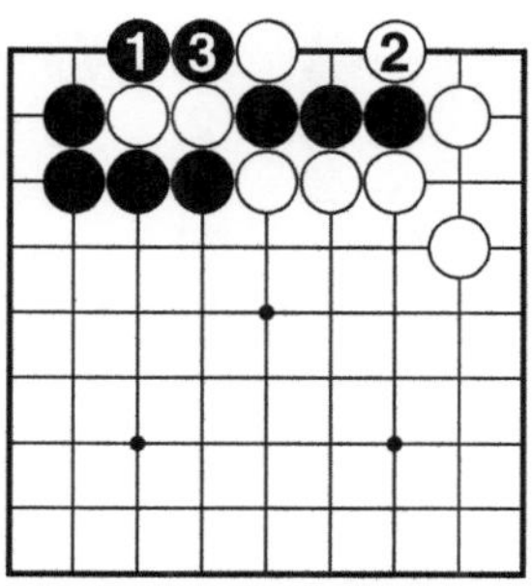

[36] Schwarz 1 beginnt den Wettlauf und gewinnt das Semeai.

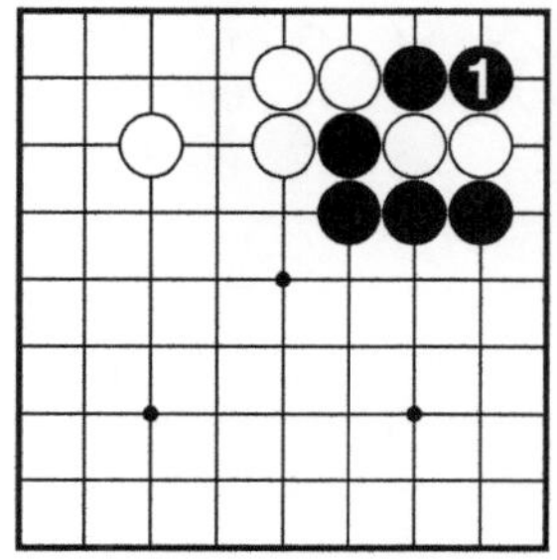

[37] Schwarz 1 fängt die weißen Steine.

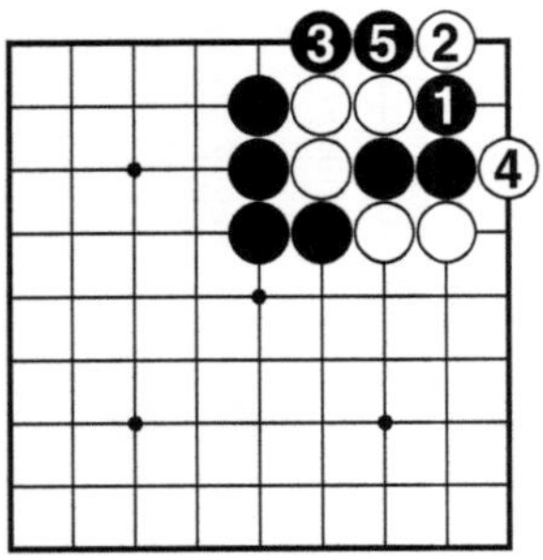

[38] Schwarz 1 nimmt den weißen Steinen eine Freiheit und gibt den schwarzen eine hinzu. Schwarz ist schneller.

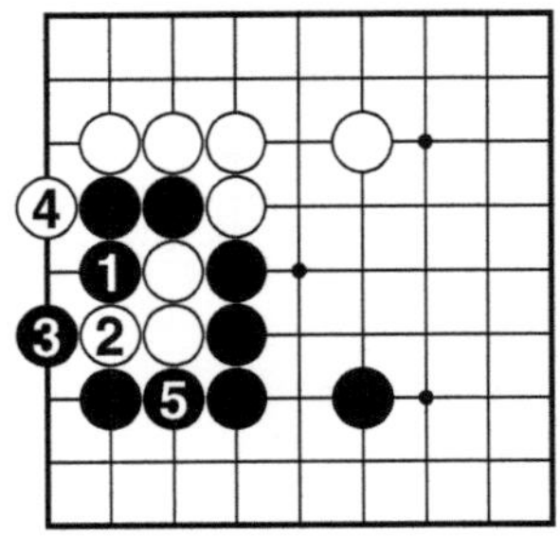

[39] Schwarz nimmt den weißen Steinen mit 1 eine Freiheit und fängt sie dann mit 3 und 5.

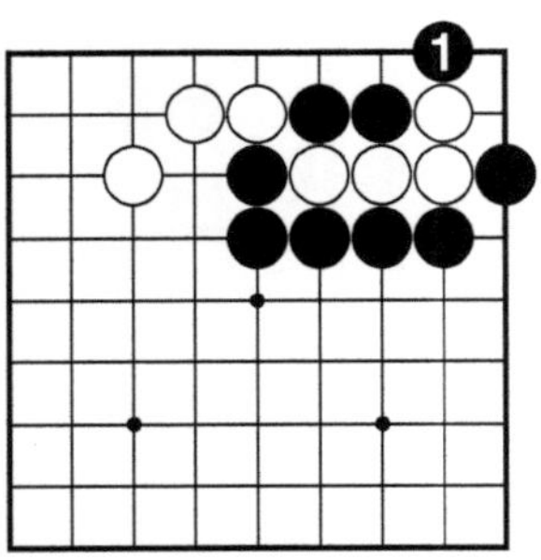

[40] Schwarz 1 gibt Atari und fängt die weißen Steine.

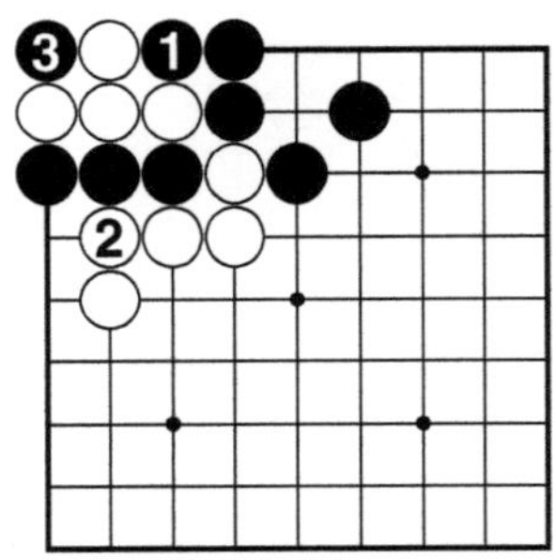

[41] Schwarz 1 ist richtig und beginnt die Freiheiten zu besetzen.

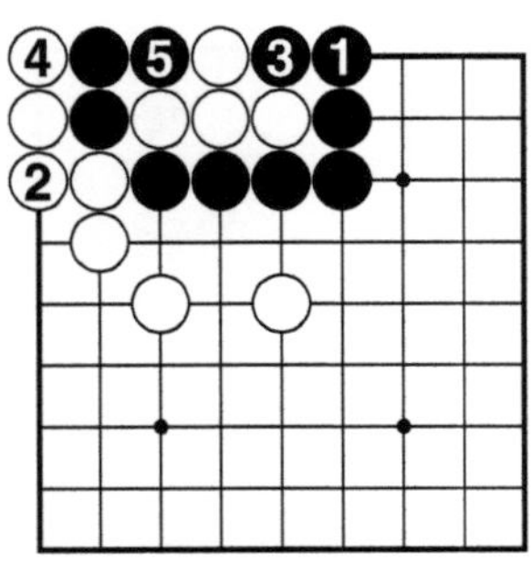

[42] Schwarz 1 ist richtig. Er muss sich langsam an die weißen Steine annähern. Weiß kann ebenso nur erst auf 2 und dann 4 spielen.

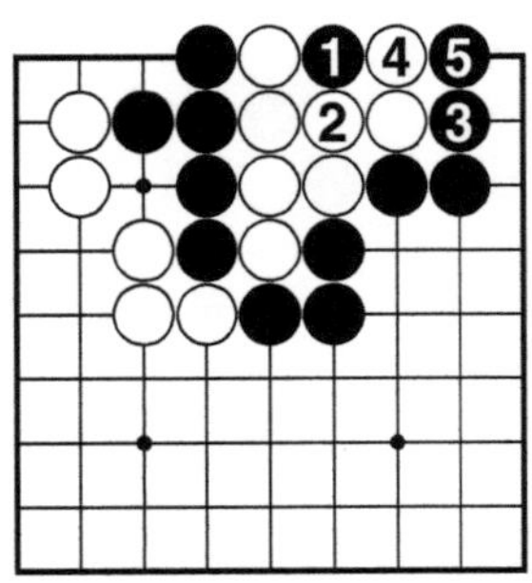

[43] Schwarz 1 fängt die weißen Steine. Deckt Weiß, dann folgen die Atari 3 und 5. Weiß kann nicht entkommen.

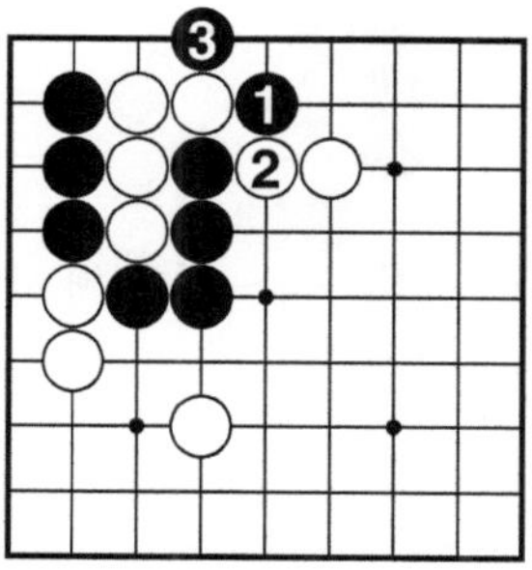

[44] Schwarz 1 ist richtig und fängt die weißen Steine.

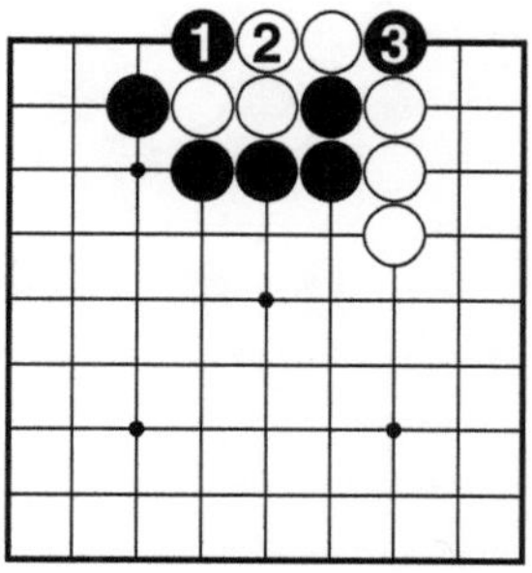

[45] Schwarz 1 gibt Atari. Deckt Weiß auf 2, dann schlägt Schwarz auf 3.

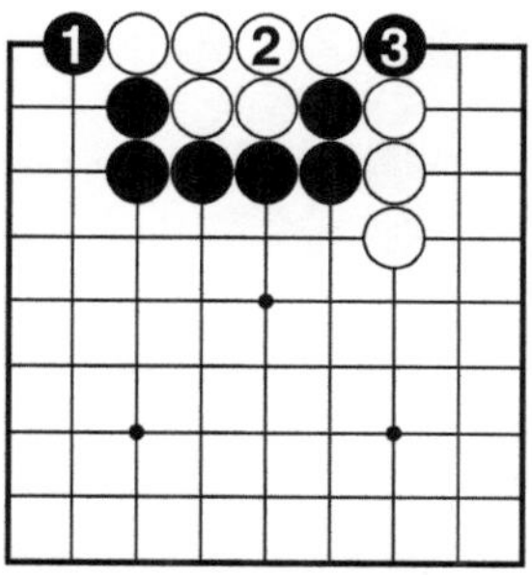

[46] Schwarz 1 gibt Atari. Deckt Weiß auf 2, dann schlägt Schwarz auf 3.

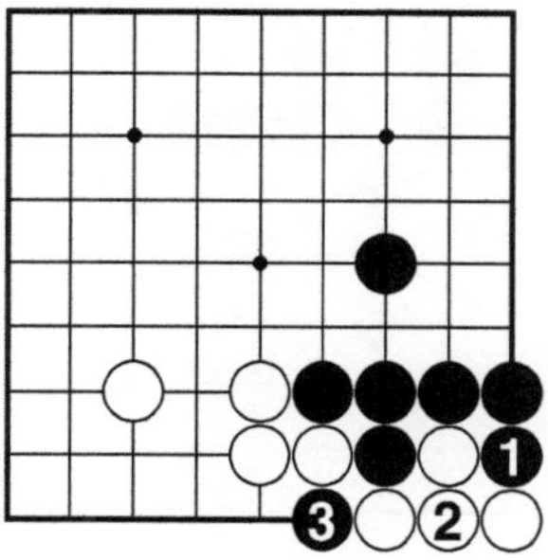

[47] Schwarz 1 gibt Atari. Deckt Weiß auf 2, dann schlägt Schwarz auf 3.

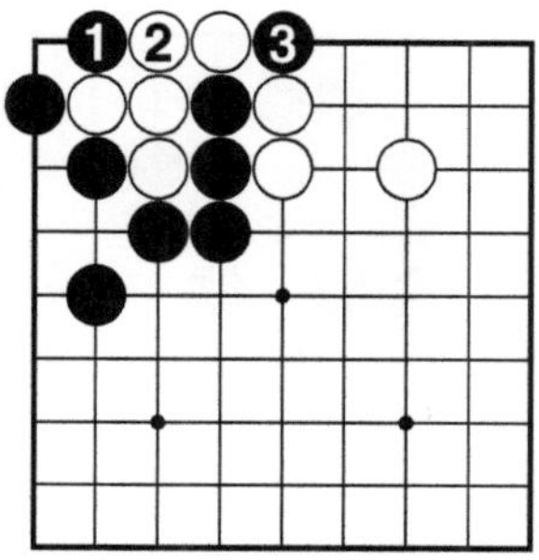

[48] Schwarz 1 gibt Atari. Deckt Weiß auf 2, dann schlägt Schwarz auf 3.

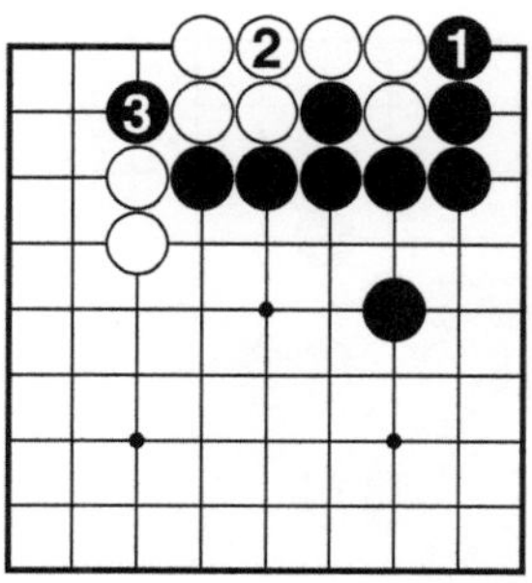

[49] Schwarz 1 und 3 geben Atari. Weiß kann nun nicht mehr entkommen.

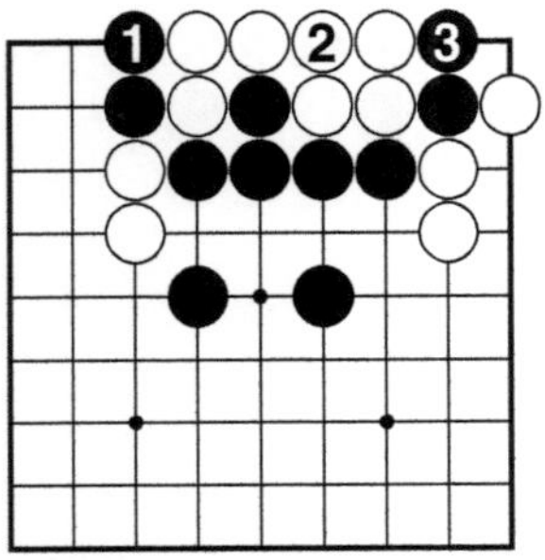

[50] Schwarz 1 gibt das Atari aus der richtigen Richtung. Deckt Weiß auf 2, dann schlägt Schwarz auf 3.

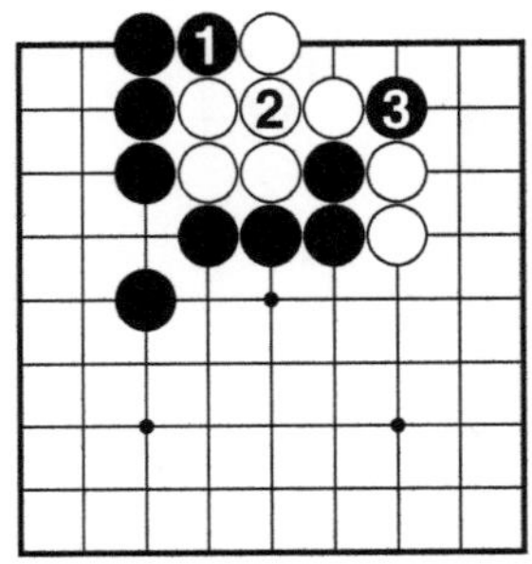

[51] Schwarz 1 ist richtig. Deckt Weiß auf 2, dann spielt Schwarz auf 3 und Weiß kann nicht mehr entkommen.

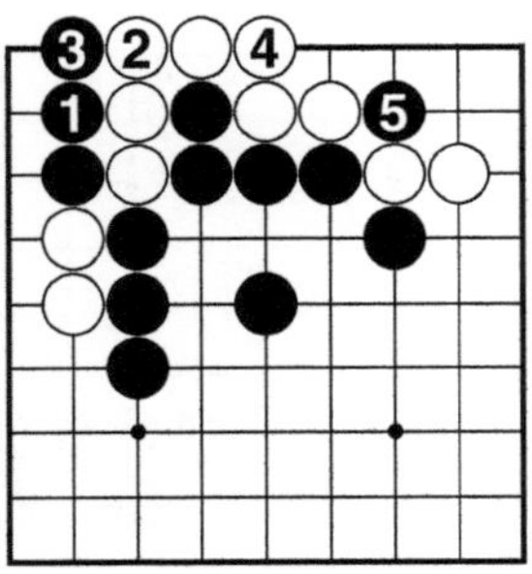

[52] Schwarz 1 und 3 sind richtig. Nach Weiß 4 spielt Schwarz auf 5 und die weißen Steine sind verloren.

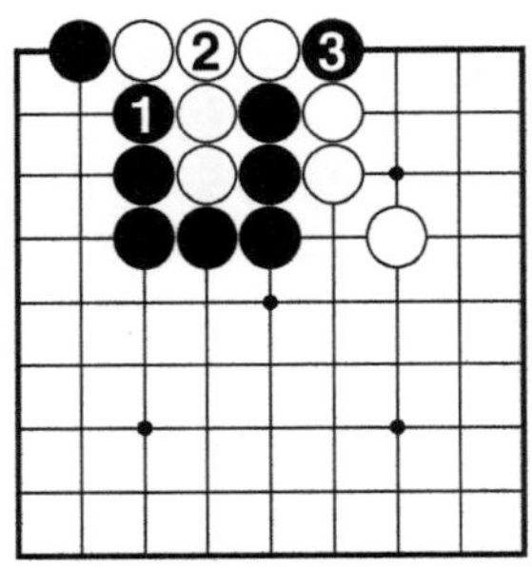

[53] Schwarz 1 gibt Atari. Deckt Weiß auf 2, dann schlägt Schwarz auf 3.

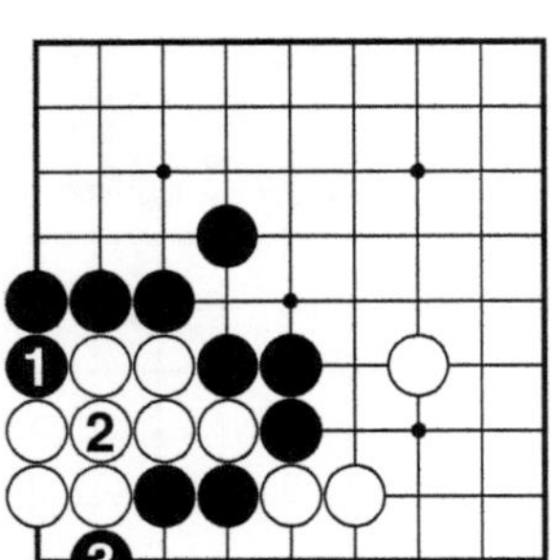

[54] Schwarz 1 nutzt den Mangel an Freiheiten bei Weiß aus. Auf Weiß 2 folgt Schwarz 3 und Weiß hat eine Freiheit zu wenig.

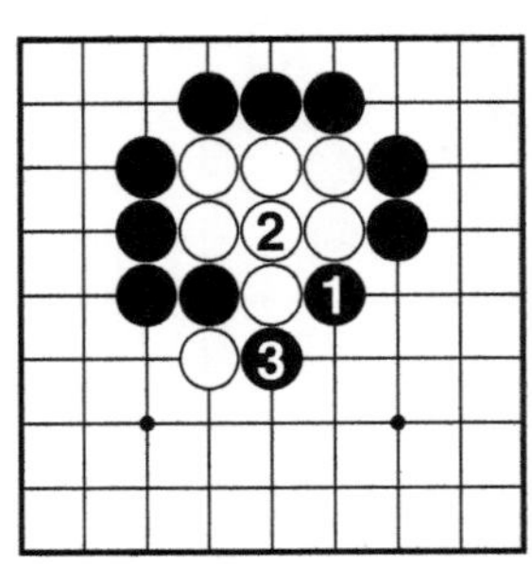

[55] Schwarz 1 gibt ein Atari, das Weiß aufgrund von Freiheitenmangel nicht decken kann.

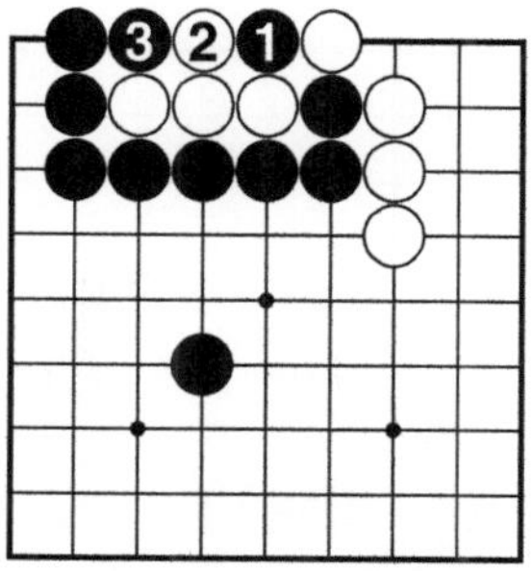

[56] Schwarz 1 wirft ein, Weiß schlägt und Schwarz 3 gibt Atari. Weiß kann nun aufgrund von Freiheitenmangel nicht decken.

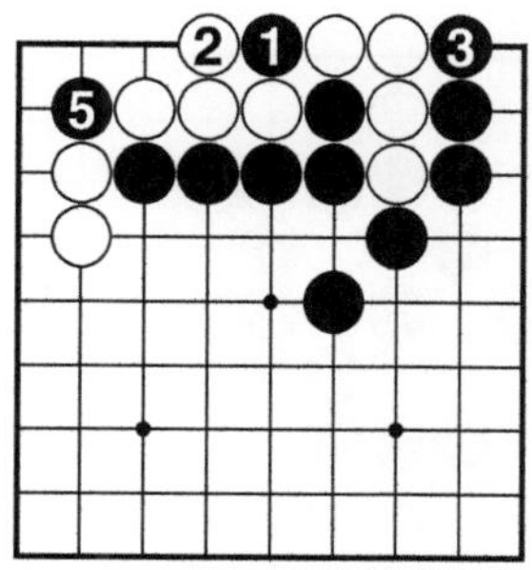

[57] Schwarz 1 ist richtig. Schlägt Weiß, so gibt Schwarz 3 Atari. Deckt Weiß mit 4 auf 1, dann folgt Schwarz 5.

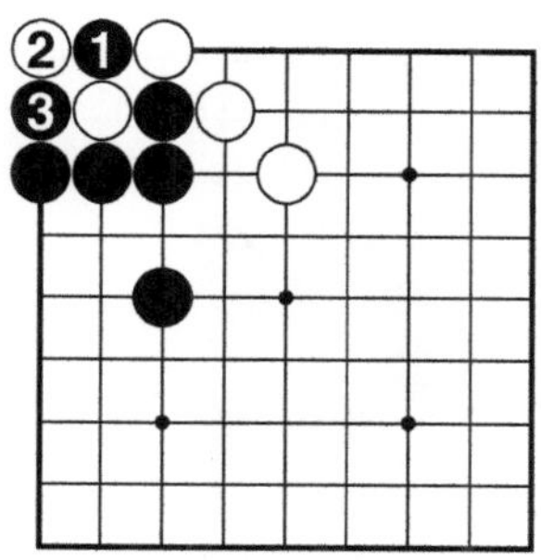

[58] Schwarz 1 ist das Tesuji, das einen Mangel an Freiheiten bei Weiß erzeugt.

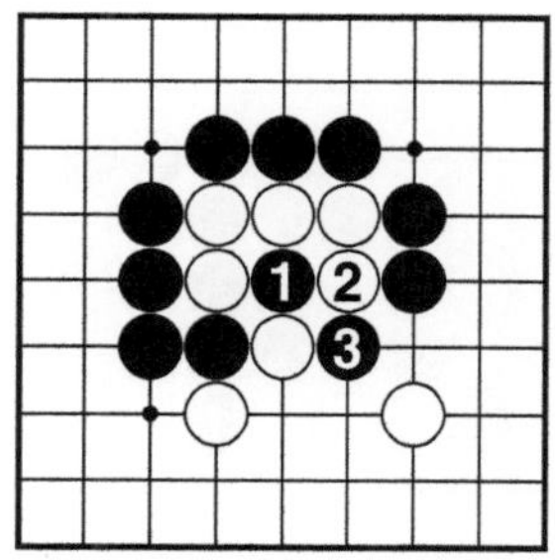

[59] Schwarz 1 wirft ein. Nachdem Weiß mit 2 schlägt, entsteht die gleiche Stellung wie in Übung 55.

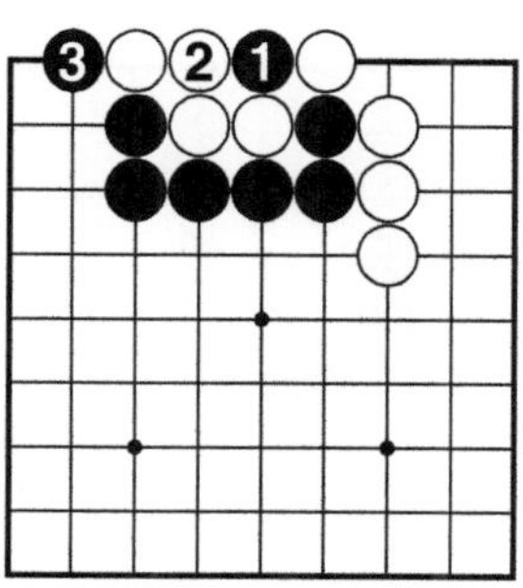

[60] Schwarz 1 wirft ein. Deckt Weiß auf 2, dann gibt Schwarz Atari auf vier Steine.

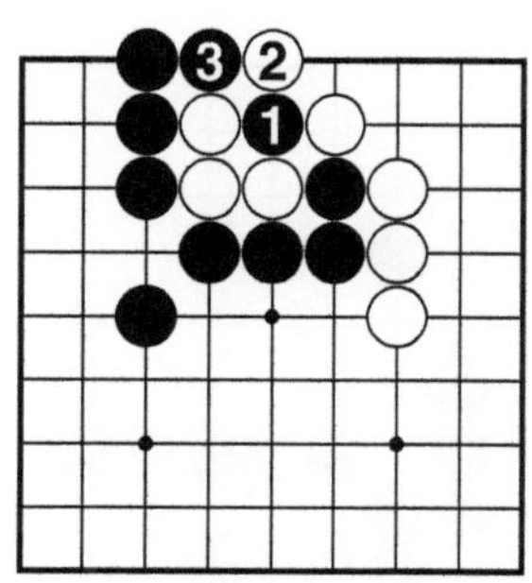

[61] Schwarz 1 ist Tesuji. Schlägt Weiß mit 2, so entsteht die gleiche Stellung wie in Übung 51.

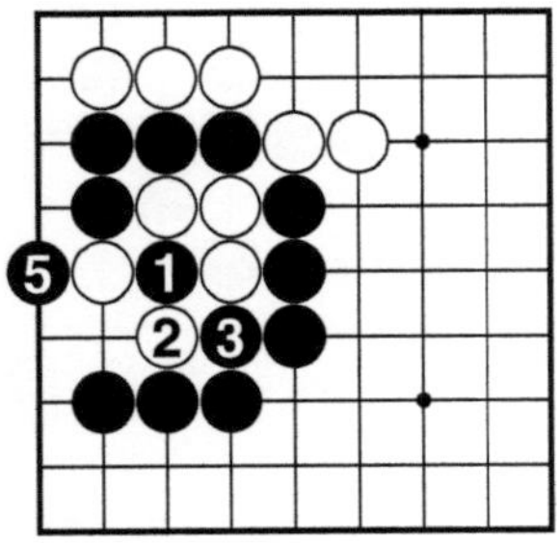

[62] Schwarz 1 ist das Tesuji, das einen Mangel an Freiheiten bei Weiß erzeugt.

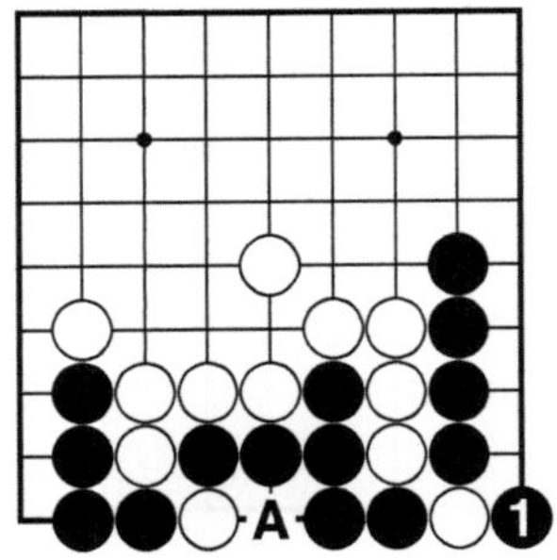

[63] Schwarz muss mit 1 schlagen. Schwarz A wäre ein Fehler, denn er gewinnt keine Freiheit. Stattdessen kann Weiß schlagen.

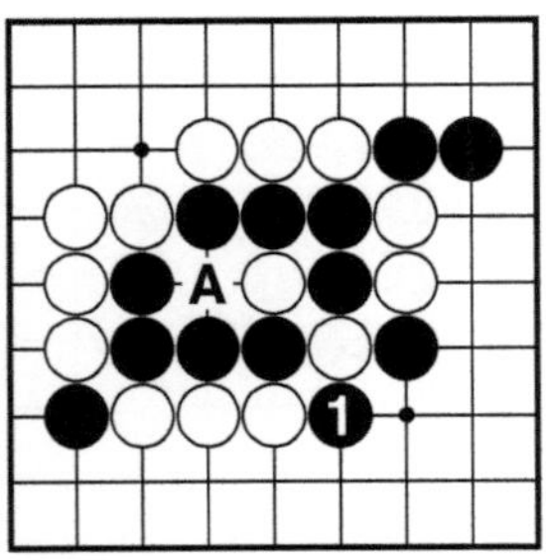

[64] Schwarz 1 ist richtig, denn die schwarzen Steine gewinnen so an Freiheiten. A wäre ein Fehler, denn dann schlägt Weiß.

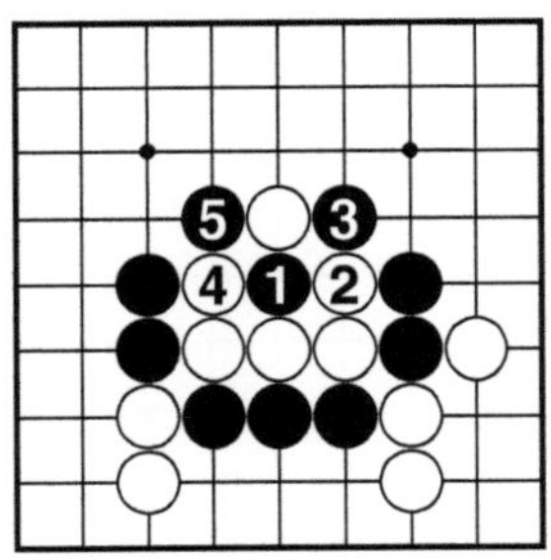

[65] Schwarz 1 ist das Tesuji. Die Ausgangsstellung wird Kranichnest genannt und sollten Sie sich gut merken.

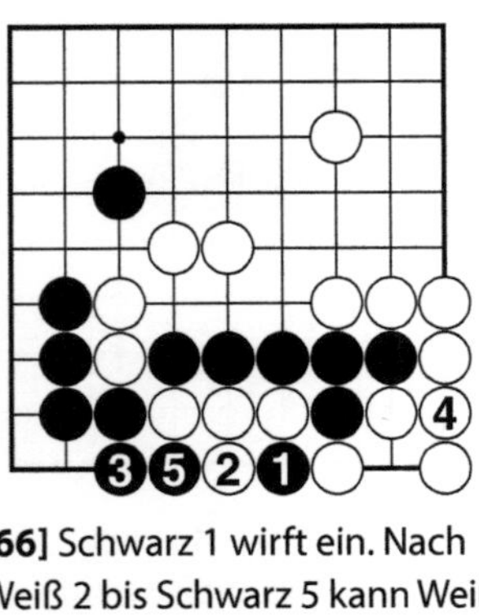

[66] Schwarz 1 wirft ein. Nach Weiß 2 bis Schwarz 5 kann Weiß aus Mangel an Freiheiten nicht decken.

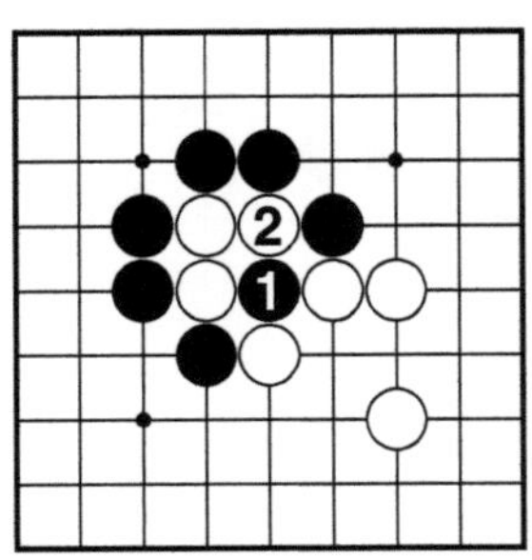

[67] Schwarz 1 ist richtig. Nachdem Weiß auf 2 geschlagen hat, schlägt Schwarz wieder auf 1.

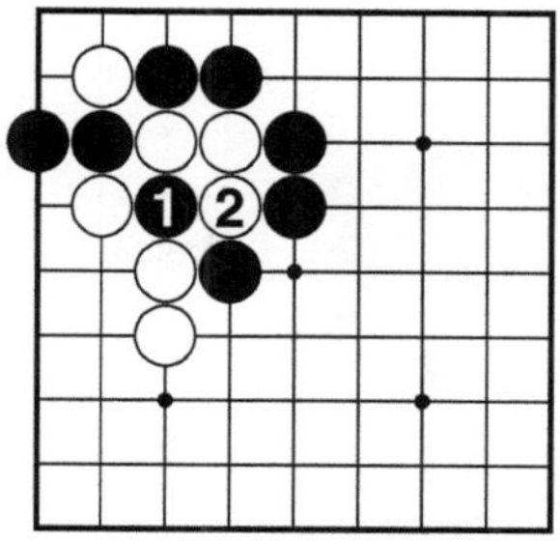

[68] Schwarz 1 ist der richtige Zug. Die weißen Steine können nicht entkommen, denn Schwarz schlägt mit 3 auf 1.

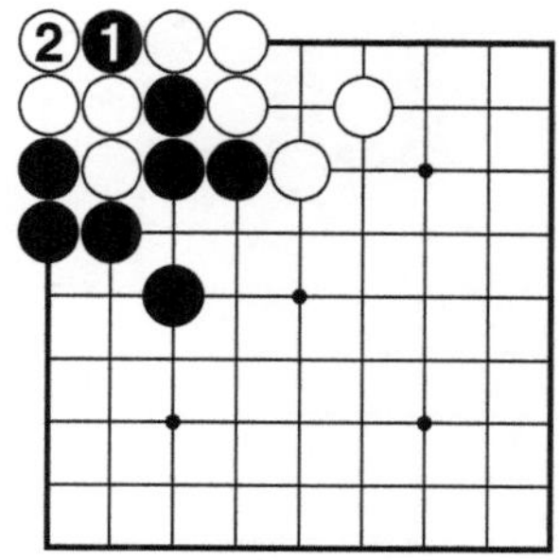

[69] Schwarz 1 ist richtig. Schwarz schlägt mit 3 auf 1.

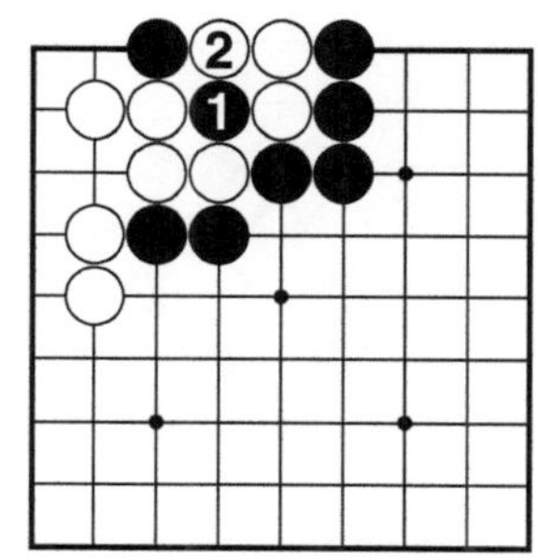

[70] Schwarz 1 ist richtig. Schwarz schlägt mit 3 auf 1.

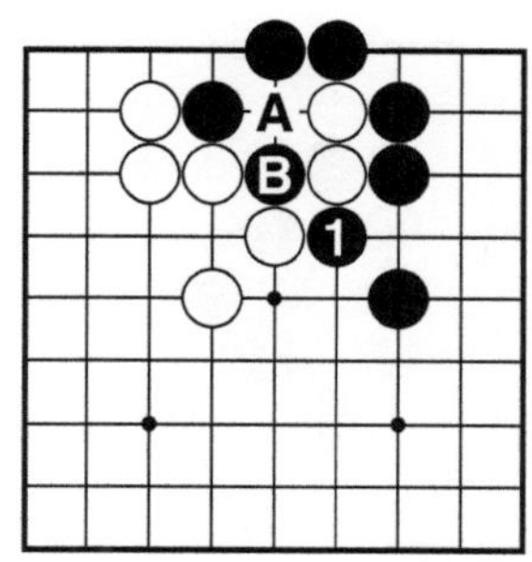

[71] Schwarz 1 ist richtig, denn der Zug errichtet die Mausefalle. Schlägt Weiß auf A, dann schlägt Schwarz auf B.

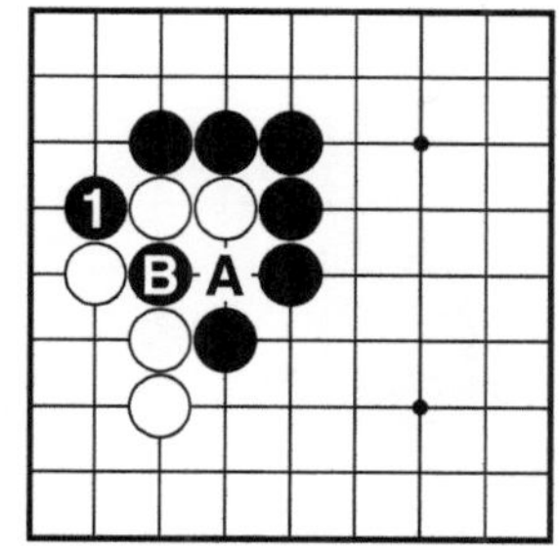

[72] Schwarz 1 ist richtig. Schlägt Weiß auf A, dann schlägt Schwarz auf B.

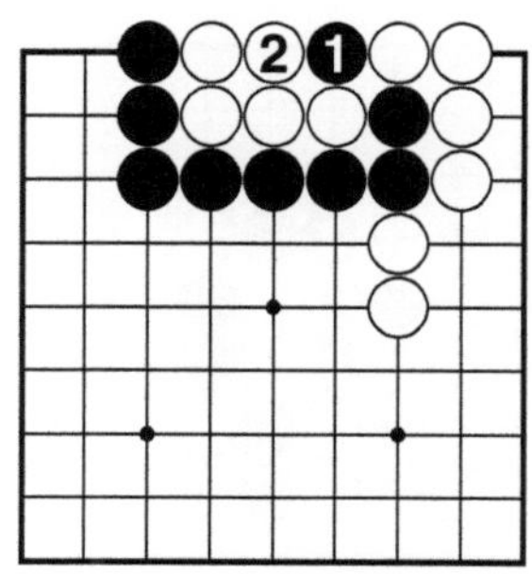

[73] Schwarz 1 ist richtig. Schwarz schlägt mit 3 auf 1.

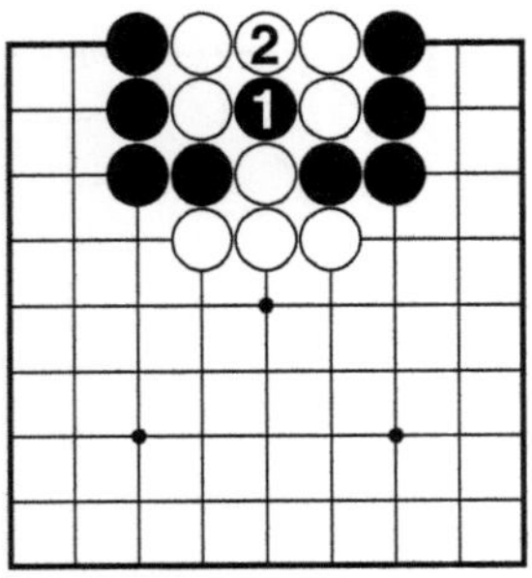

[74] Schwarz 1 erkennt die Mausefalle und fängt vier Steine. Schwarz schlägt nach Weiß 2 auf 1.

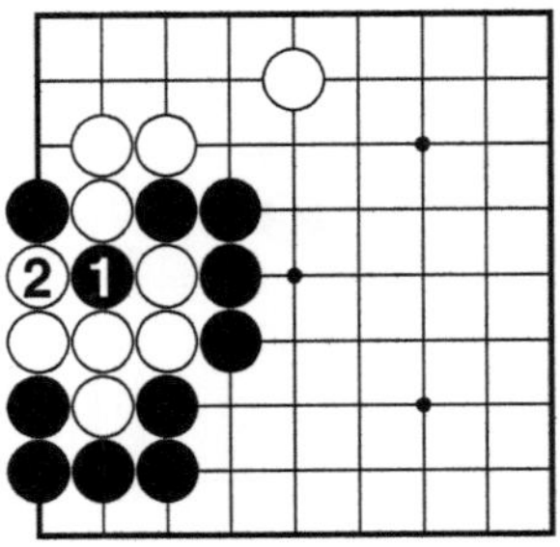

[75] Schwarz 1 ist richtig. Schwarz schlägt nach Weiß 2 auf 1.

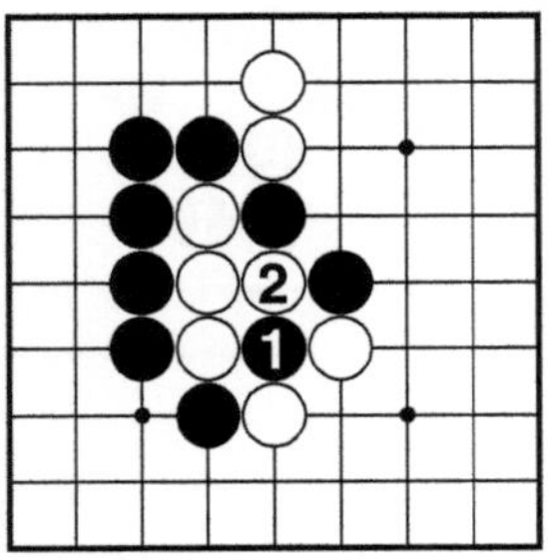

[76] Schwarz 1 ist richtig. Schwarz schlägt nach Weiß 2 auf 1.

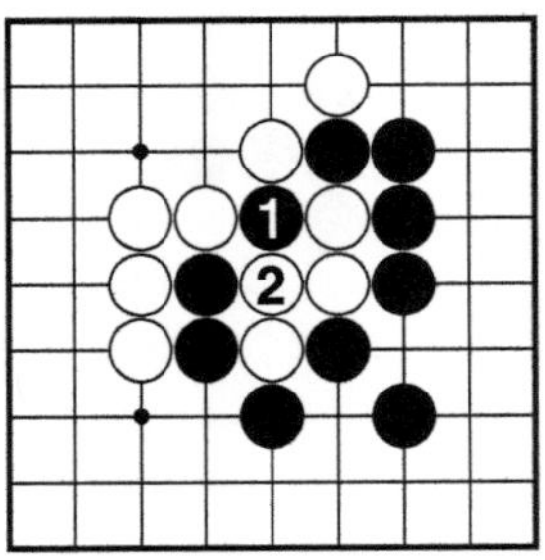

[77] Schwarz 1 ist die Mausefalle und nach Weiß 2 schlägt er auf 1.

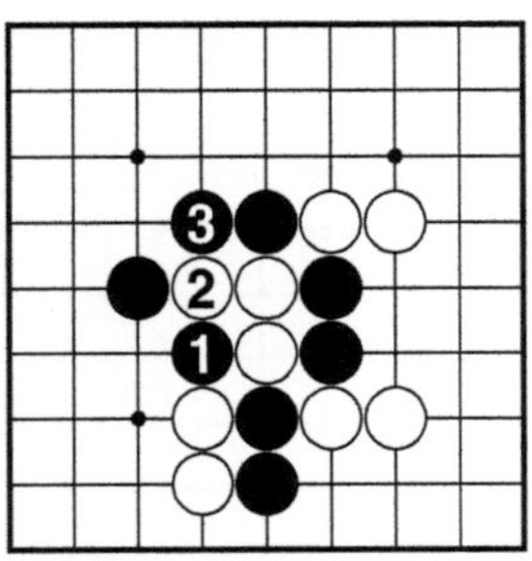

[78] Schwarz 1 schneidet. Die beiden weißen Steine können nicht entkommen.

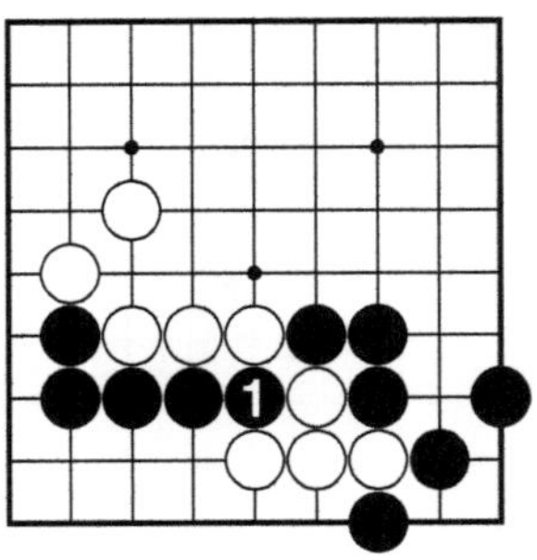

[79] Schwarz 1 schneidet. Die weißen Steine am unteren Rand sind nun verloren.

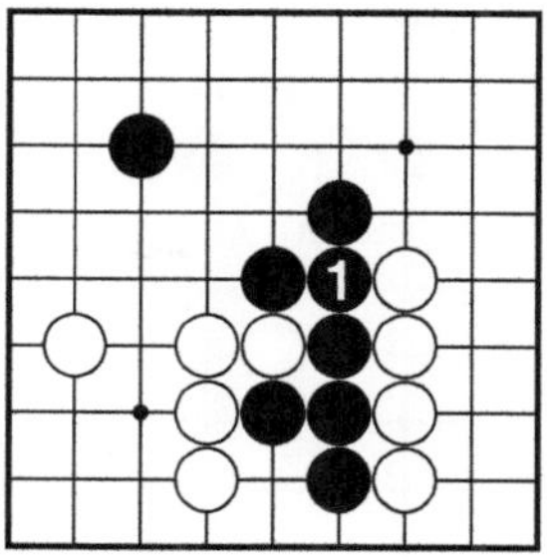

[80] Schwarz 1 verbindet die Ketten. Käme Weiß zu dem Schnitt auf 1, dann wären die vier schwarzen Steine verloren.

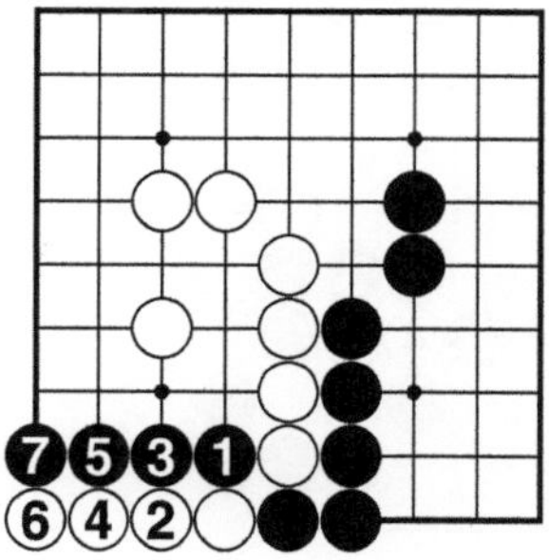

[81] Schwarz 1 schneidet. Läuft Weiß mit 2 los, dann jagt ihn Schwarz in die Ecke, in der Weiß nicht entkommen kann.

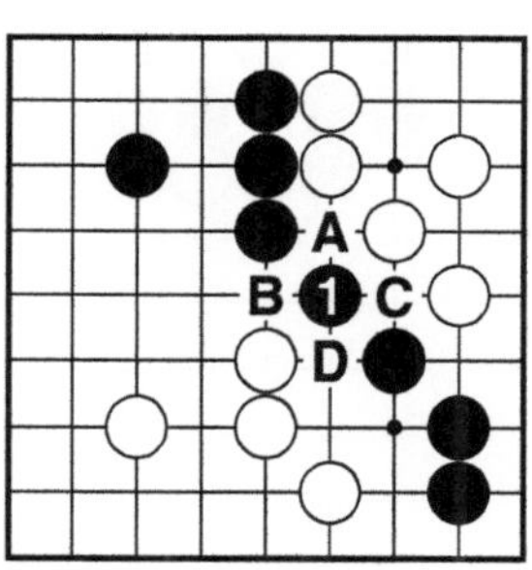

[82] Schwarz 1 verbindet. Spielt Weiß auf einen der Punkte A bis D, dann verbindet Schwarz auf dem jeweils diagonal gegenüberliegenden.

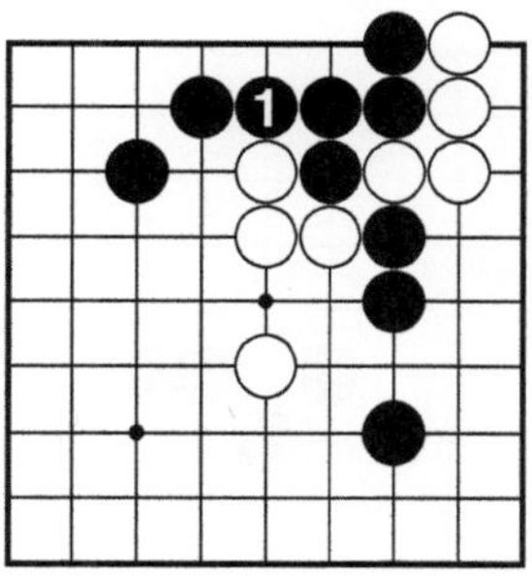

[83] Schwarz 1 ist notwendig, sonst fängt Weiß vier schwarze Steine, indem er selbst auf 1 spielt.

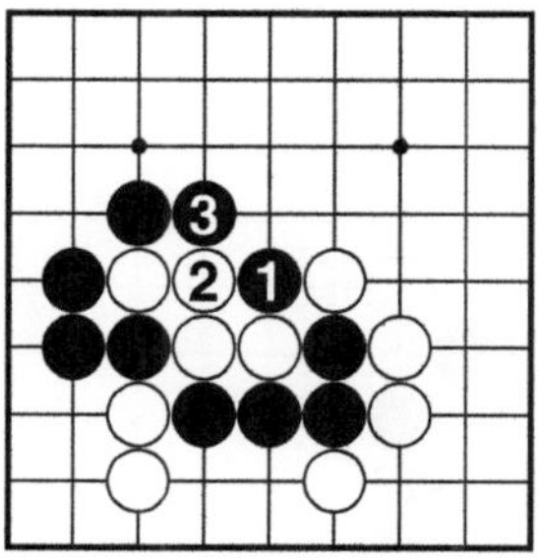

[84] Das Atari mit Schwarz 1 ist richtig. Weiß kann nicht entkommen. Spielt Schwarz nur auf 2, dann deckt Weiß auf 1.

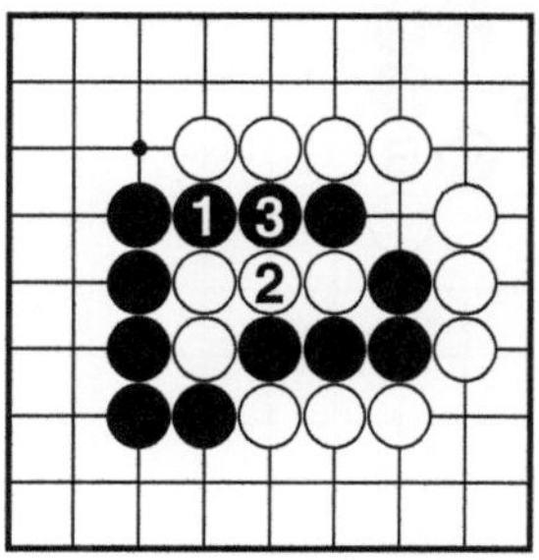

[85] Schwarz 1 ist die richtige Richtung. Der Zug fängt weiße Steine und rettet die schwarzen.

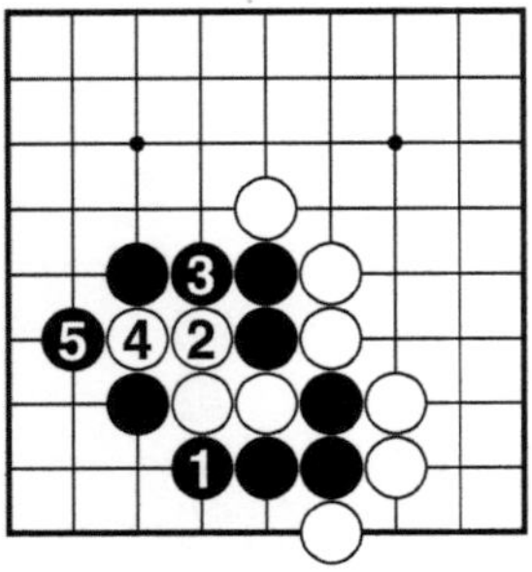

[86] Schwarz 1 gibt das erste Atari aus der richtigen Richtung.

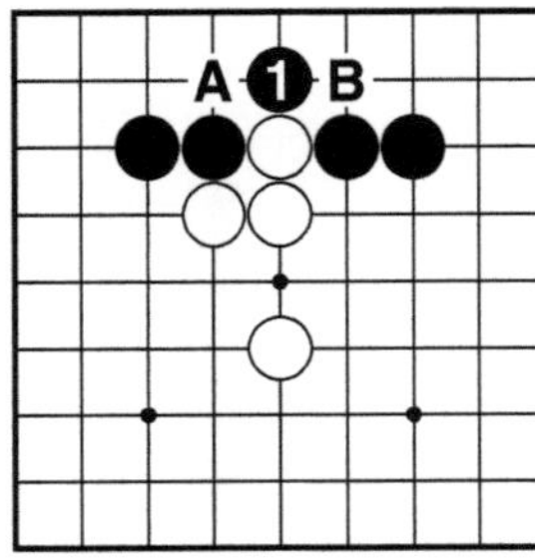

[87] Schwarz 1 verbindet beide Ketten. Schneidet Weiß auf A oder B, dann fängt Schwarz den Schnittstein.

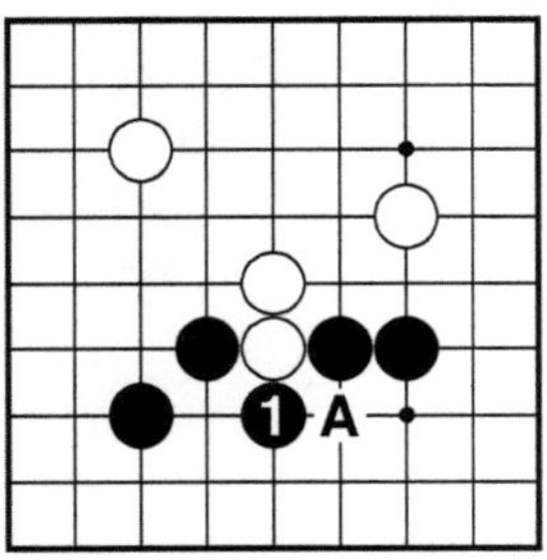

[88] Schwarz 1 verbindet beide Ketten. Schneidet Weiß auf A, dann kann Schwarz den Schnittstein fangen.

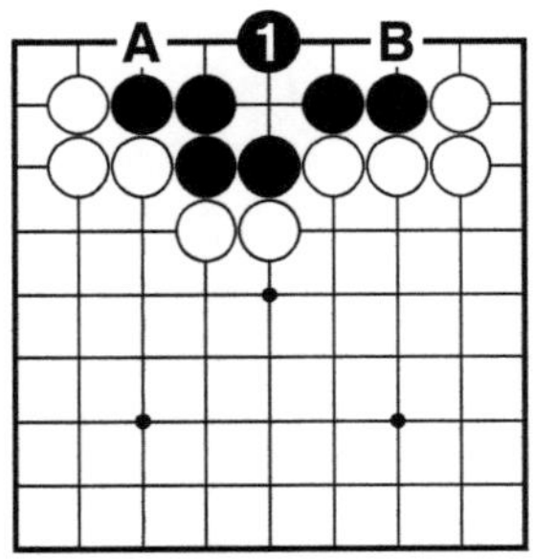

[89] Schwarz 1 ist der Punkt, der zwei Augen sichert. Da Weiß nicht gleichzeitig A und B besetzen kann, lebt Schwarz.

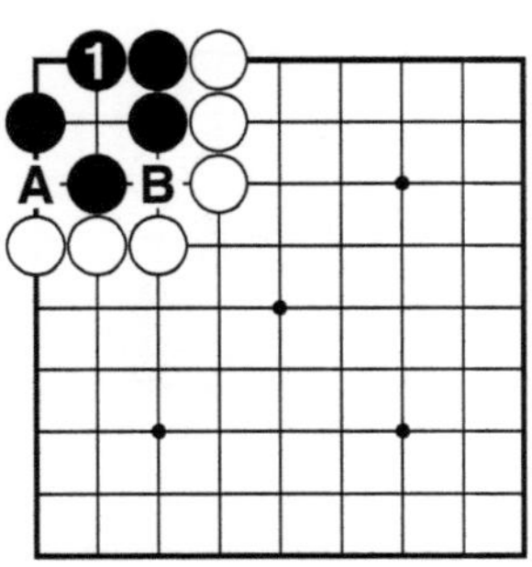

[90] Schwarz 1 besetzt jeweils den vitalen Punkt. Weiß müsste A und B besetzen, um Schwarz zu töten.

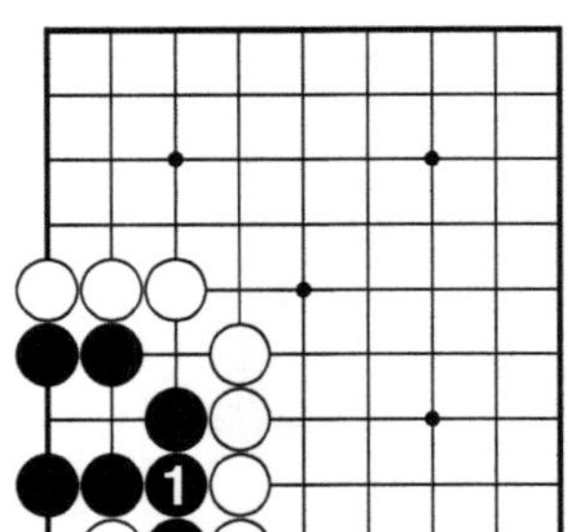

[91] Schwarz 1 sichert Leben. Kein anderer Zug erfüllt diese Aufgabe.

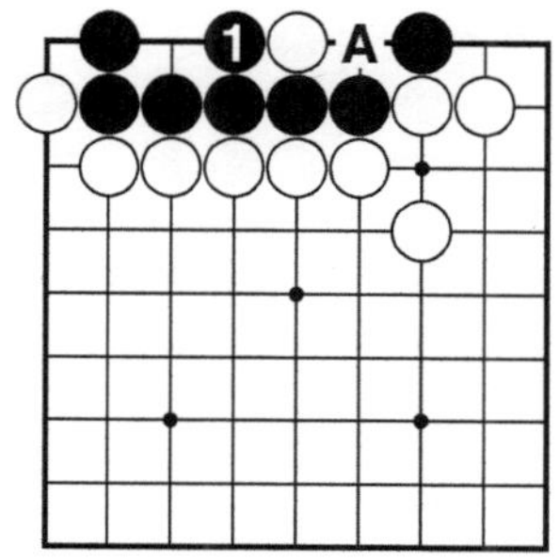

[92] Schwarz 1 sichert das zweite Auge, denn Weiß kann nicht auf A spielen. Schwarz lebt.

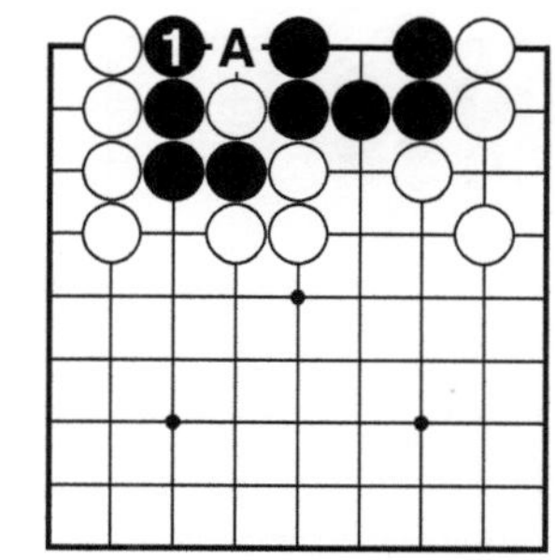

[93] Schwarz 1 sichert das zweite Auge. Schwarz lebt. A wäre ein Fehler, denn Weiß auf 1 macht das Auge unecht.

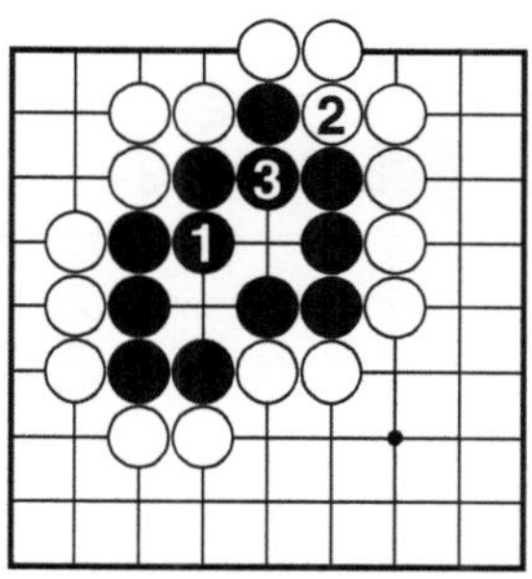

[94] Schwarz 1 sichert zwei Augen. Schwarz lebt. Alle anderen Versuche scheitern.

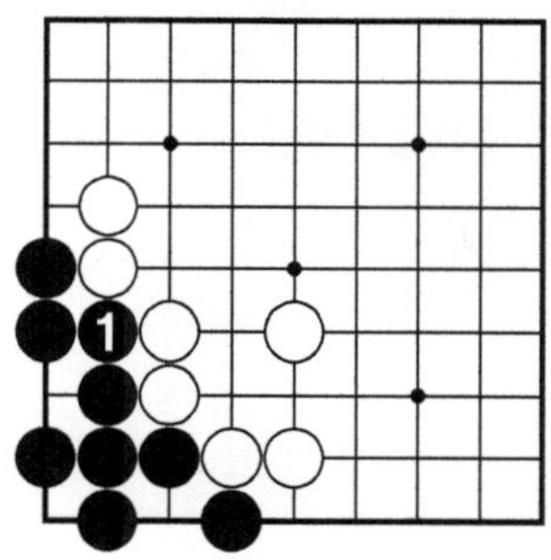

[95] Schwarz 1 sichert das zweite Auge.

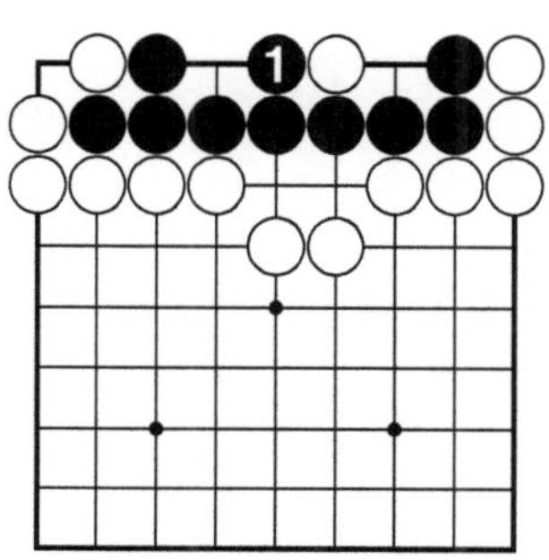

[96] Schwarz 1 ist notwendig und sichert das Leben der Gruppe.

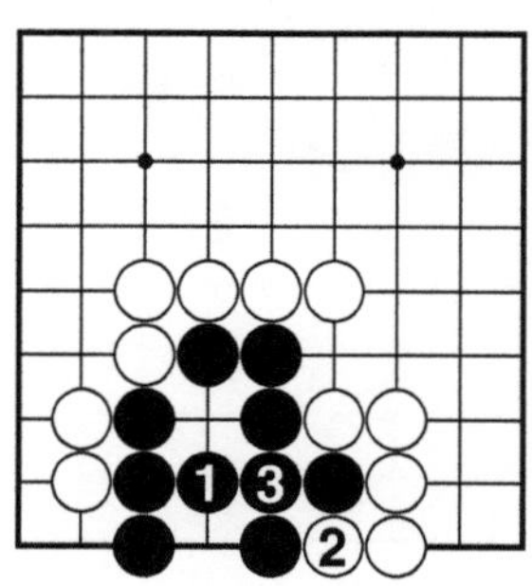

[97] Schwarz 1 sichert die Augenform. Schwarz 1 auf 3 ist fatal, denn Weiß 2 auf 1 tötet die Gruppe.

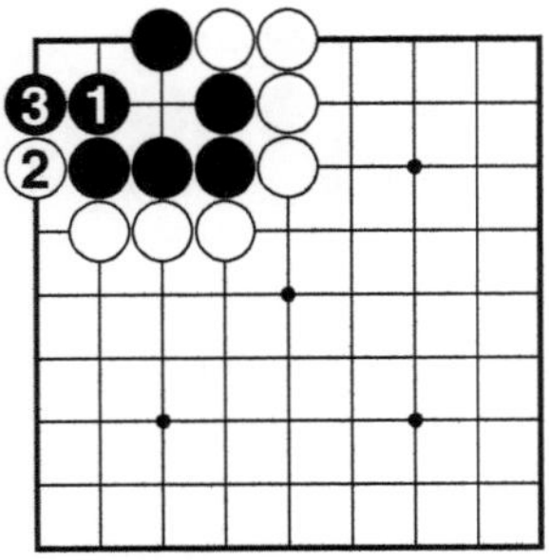

[98] Schwarz 1 sichert das Leben. Jeder andere Zug scheitert.

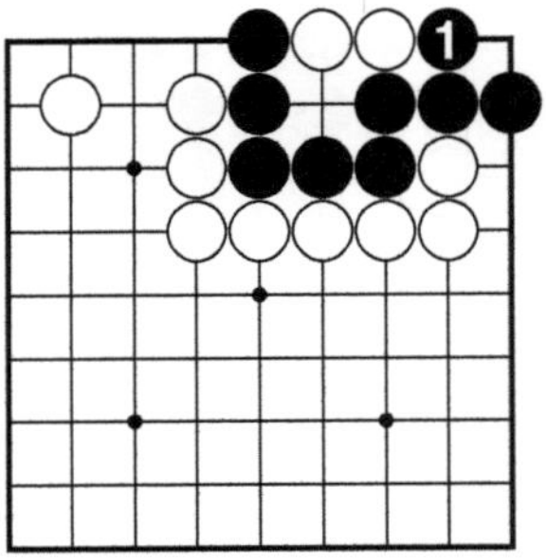

[99] Schwarz 1 trennt den Augenraum in zwei sichere Augen. Schwarz lebt.

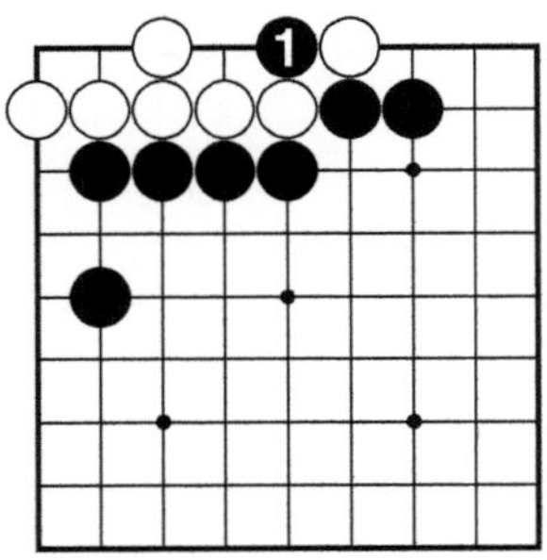

[100] Schwarz 1 verhindert das zweite Auge. Weiß ist tot.

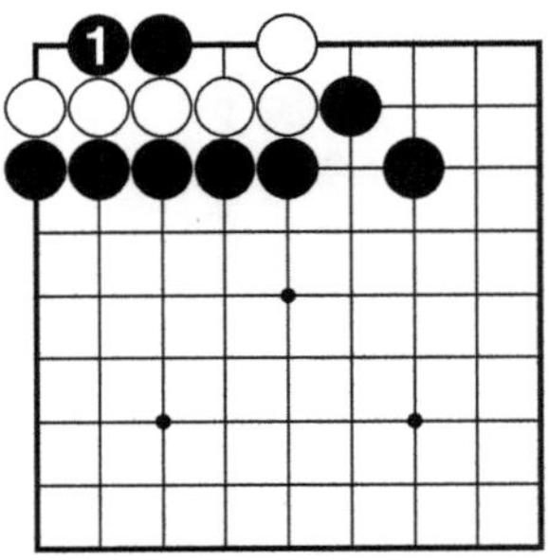

[101] Schwarz 1 verhindert, dass Weiß zwei Augen machen kann. Die Gruppe ist tot.

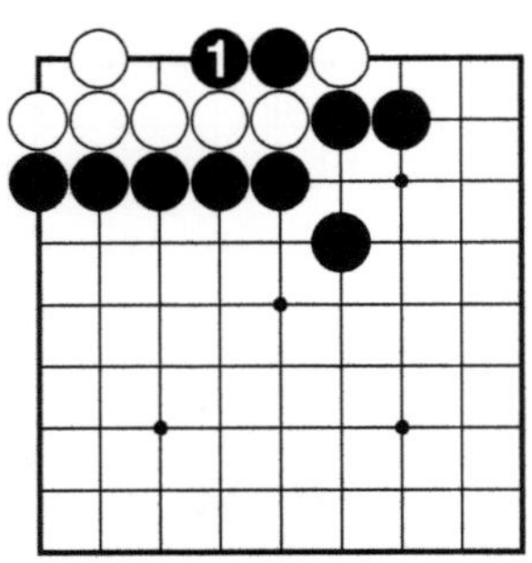

[102] Schwarz 1 verhindert das zweite Auge von Weiß. Die weiße Gruppe ist tot.

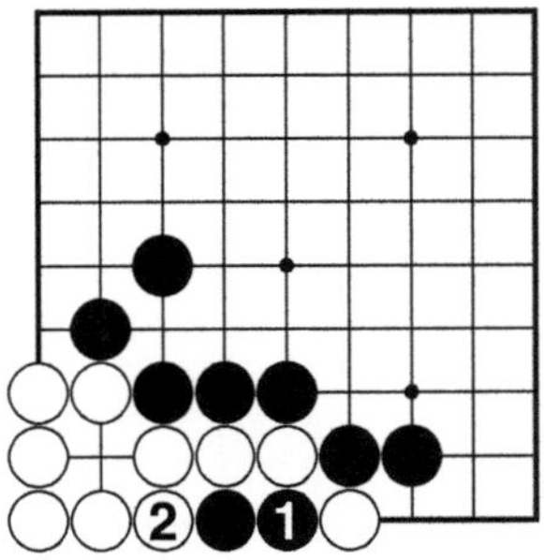

[103] Schwarz 1 ist geschickt. Schlägt Weiß mit 2, dann wirft Schwarz noch einmal auf 3 ein.

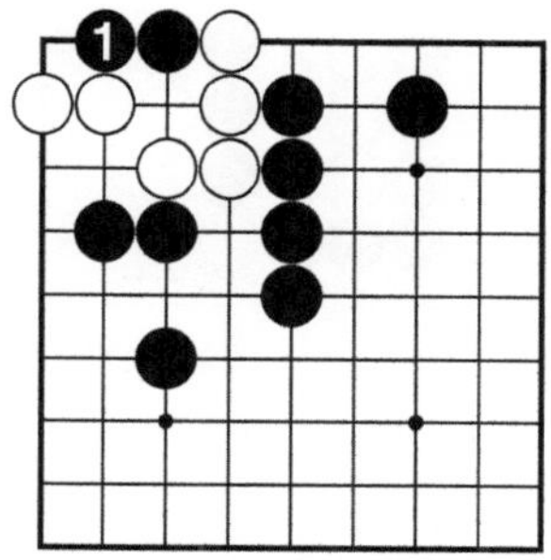

[104] Schwarz 1 tötet, denn Weiß kann keine zwei Augen mehr machen.

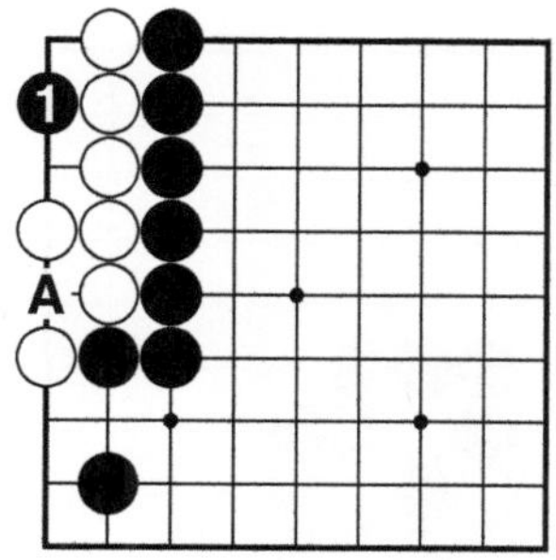

[105] Schwarz 1 verhindert, dass Weiß zwei Augen bekommt. A ist kein echtes Auge.

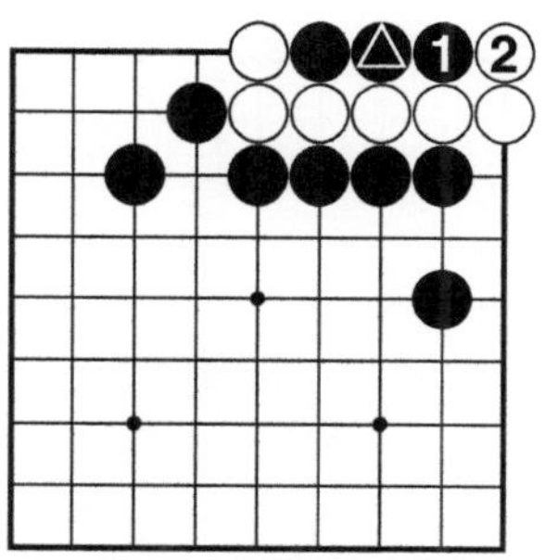

[106] Schwarz 1 tötet. Schlägt Weiß auf 2, dann spielt Schwarz mit 3 wieder auf den markierten Stein. Weiß ist tot.

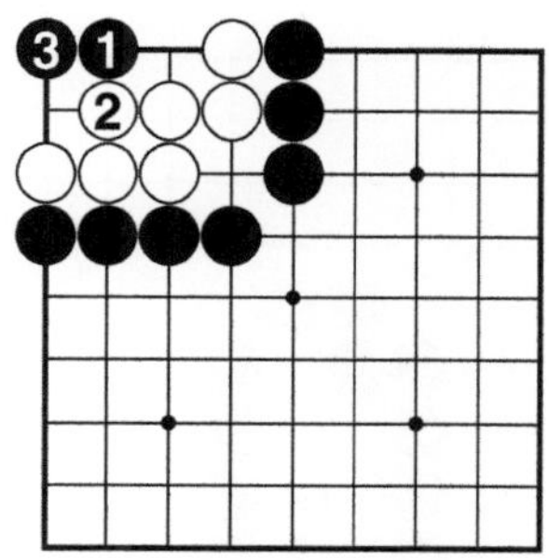

[107] Schwarz 1 und 3 verhindern, dass Weiß zwei Augen machen kann.

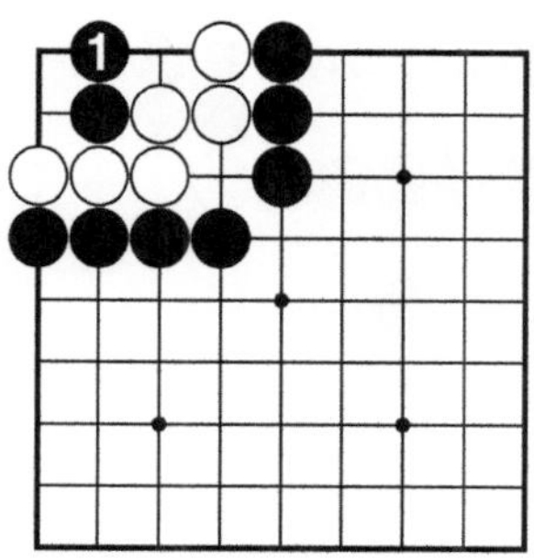

[108] Schwarz 1 ist richtig. Weiß ist tot.

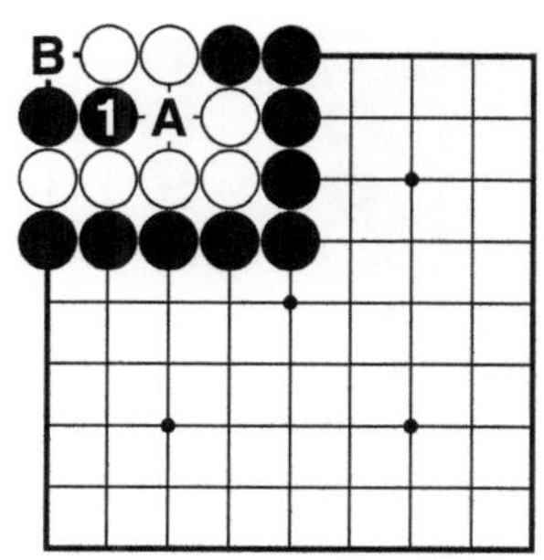

[109] Schwarz 1 tötet. Antwortet Weiß auf A, dann schlägt Schwarz auf B.

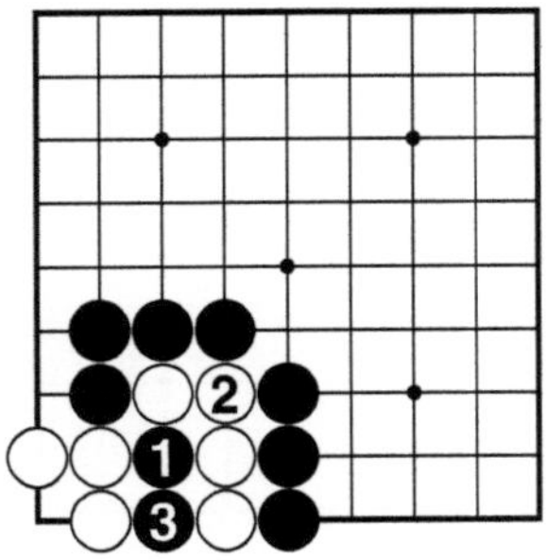

[110] Schwarz 1 tötet. Deckt Weiß auf 2, dann wird er mit 3 geschlagen. Spielt Weiß statt 2 auf 3, dann setzt Schwarz auf 2.

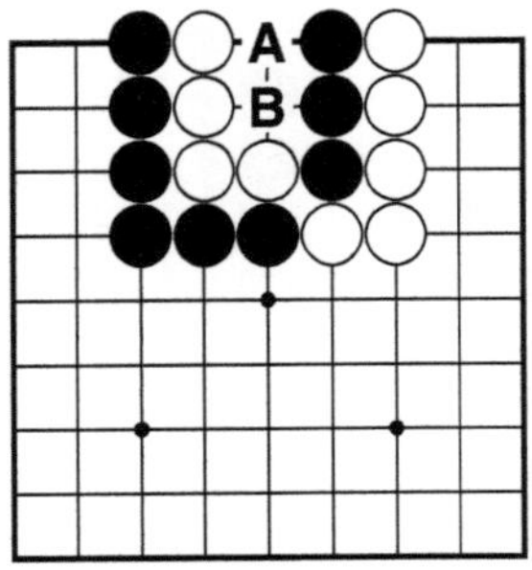

[111] Keiner kann A oder B spielen ohne dass er vom anderen geschlagen wird. Es ist ein Seki.

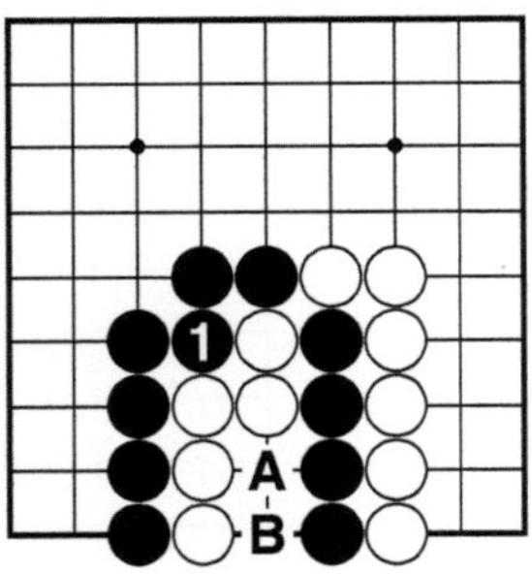

[112] Schwarz 1 stellt das Seki her, denn keiner kann nun auf A oder B spielen ohne einen Verlust zu machen.

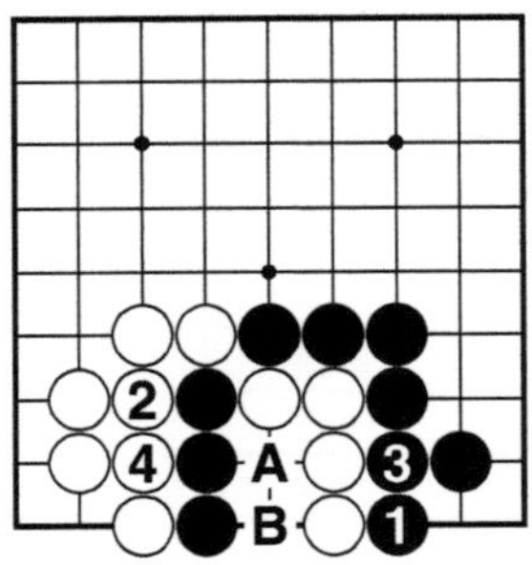

[113] Schwarz 1 und 3 erreichen das Seki. Schwarz darf nicht den Fehler machen und auf A oder B beginnen.

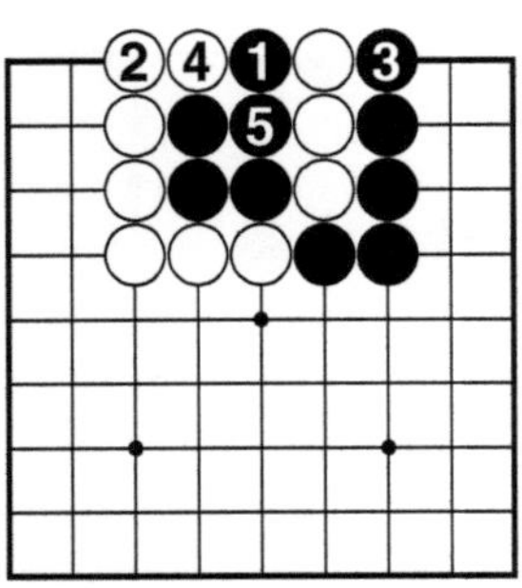

[114] Dies ist kein Seki, denn Schwarz kann mit 1 bis 5 fangen. Erkennen Sie den Unterschied?

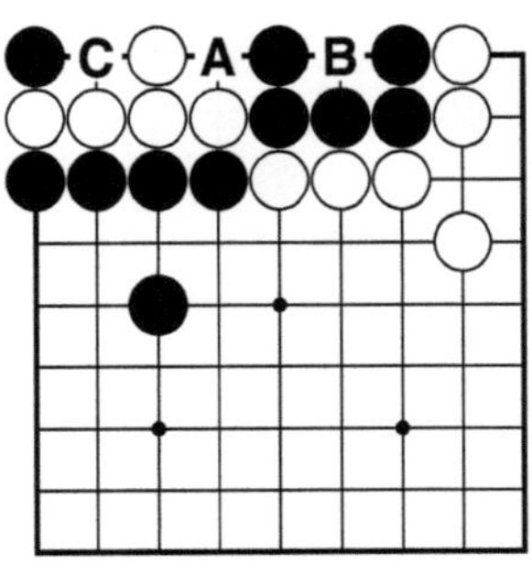

[115] Seki. Keiner kann auf A spielen, da der Andere auf B bzw. C schlagen wird.

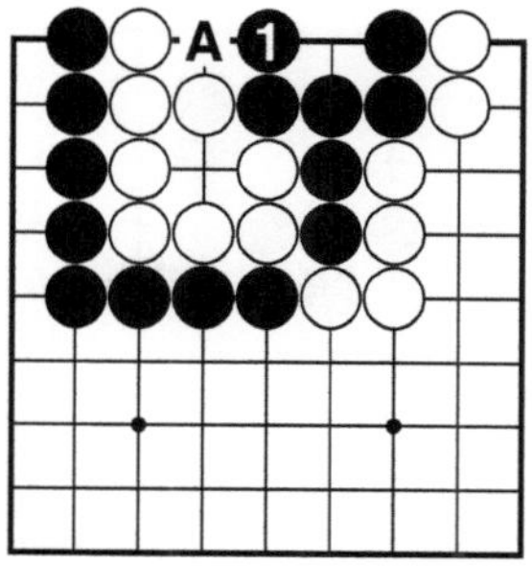

[116] Schwarz 1 erreicht das Seki. Keiner kann nun auf A spielen.

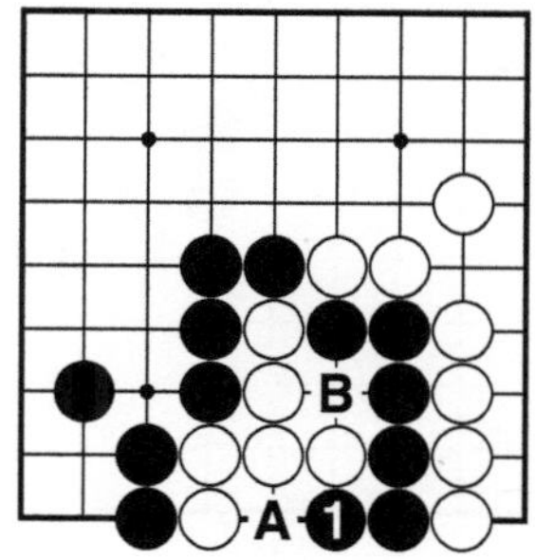

[117] Schwarz 1 erreicht das Seki. Weder Schwarz noch Weiß können auf A oder B spielen.

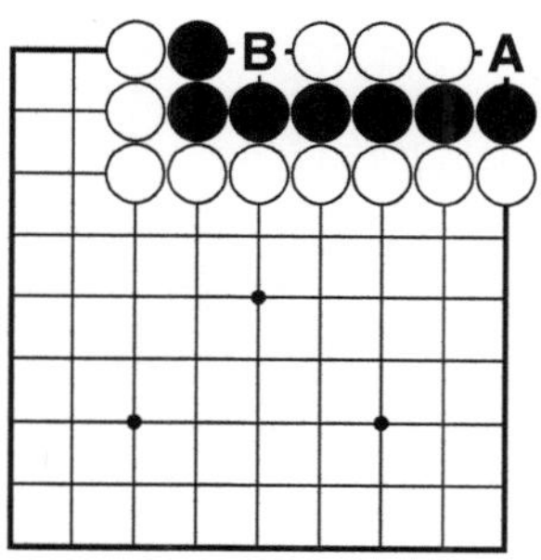

[118] Dies ist ein Seki. Weiß kann weder A noch B spielen, denn dann schlägt Schwarz vier Steine und lebt.

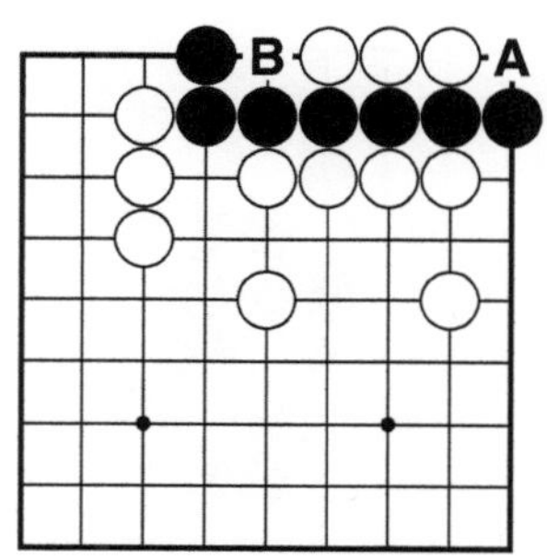

[119] Seki. Die Freiheiten außen helfen Schwarz nicht. Spielt er A und B, dann besetzt Weiß den vitalen Punkt in der Mitte.

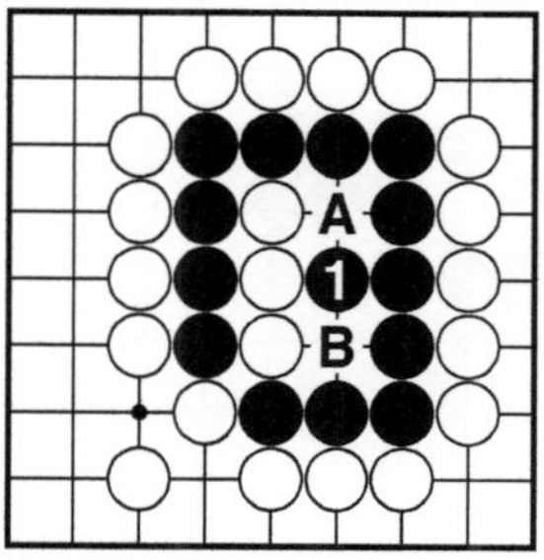

[120] Schwarz 1 erreicht ein Seki. Keiner kann sich auf A oder B annähern, da er sonst geschlagen wird.

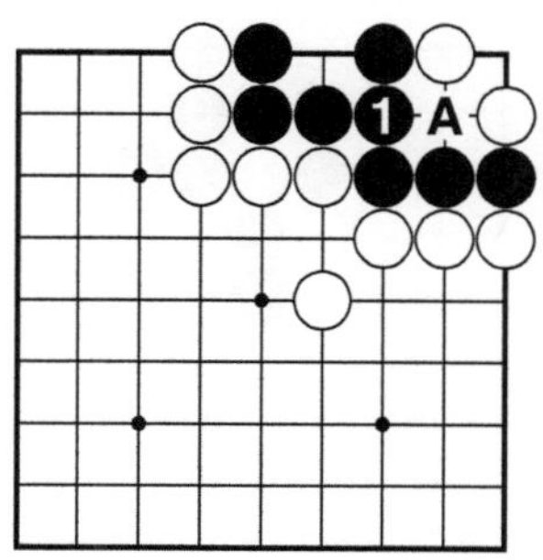

[121] Schwarz 1 sichert das Leben in Seki. Keiner kann sich auf A annähern.

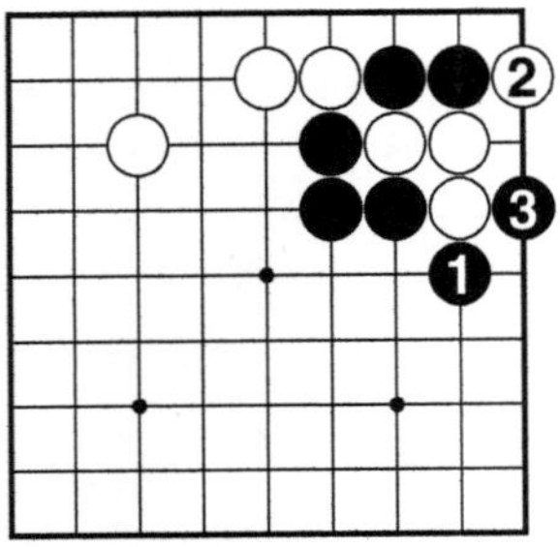

[122] Schwarz 1 gewinnt das Semeai. Weiß hat eine Freiheit zu wenig.

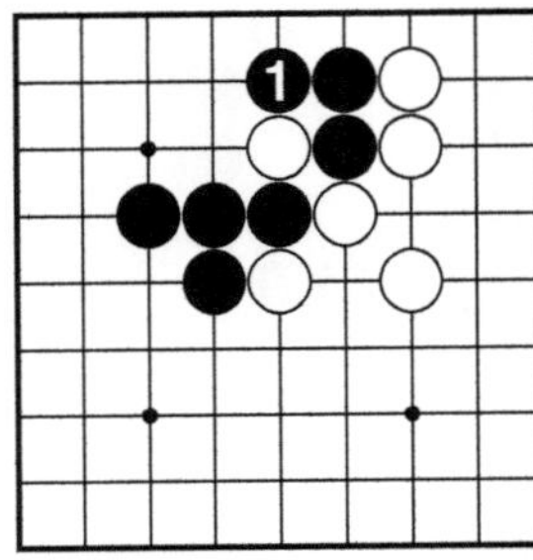

[123] Schwarz 1 ist das Atari auf der richtigen Seite.

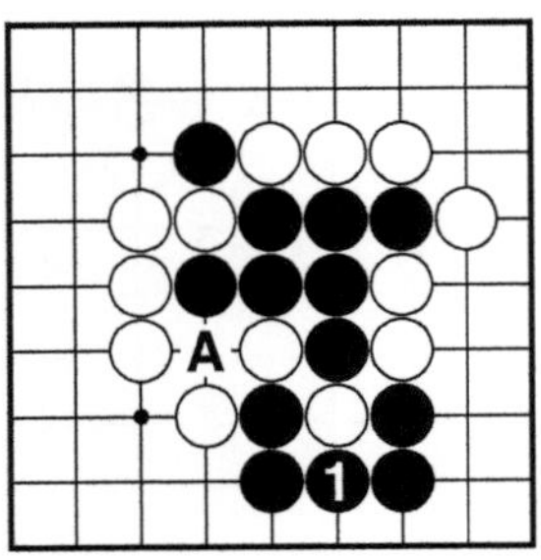

[124] Schwarz 1 schlägt den richtigen Stein. Schlüge er auf A, dann hat er nur eine Freiheit und Weiß schlägt acht Steine.

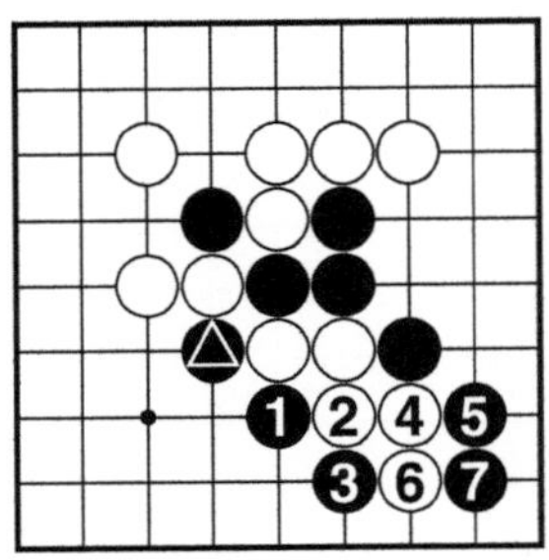

[125] Schwarz 1 beginnt die Treppe. Schwarz 1 auf 2 wäre ein Fehler, denn Weiß bekommt ein Atari gegen den markierten Stein.

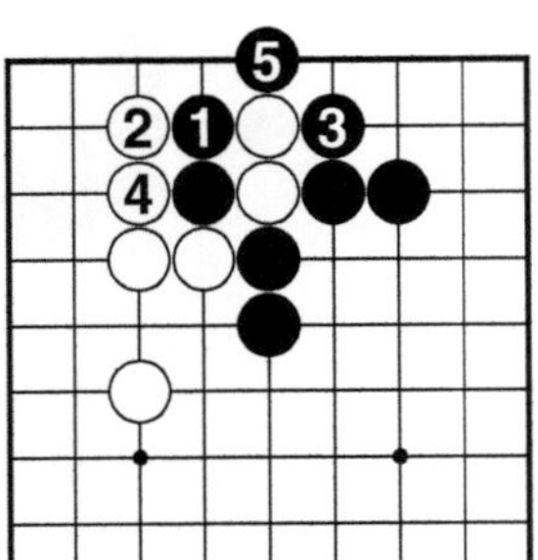

[126] Schwarz 1 nimmt den weißen Steinen eine Freiheit. Schwarz ist nun einen Zug schneller in dem Wettlauf.

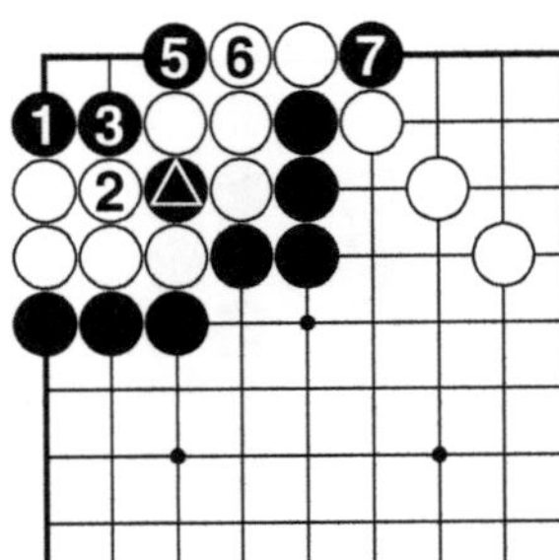

[127] Schwarz 1 ist Atari und nutzt den markierten Stein aus. Weiß 4 deckt ebenda. Schwarz 7 schlägt elf Steine.

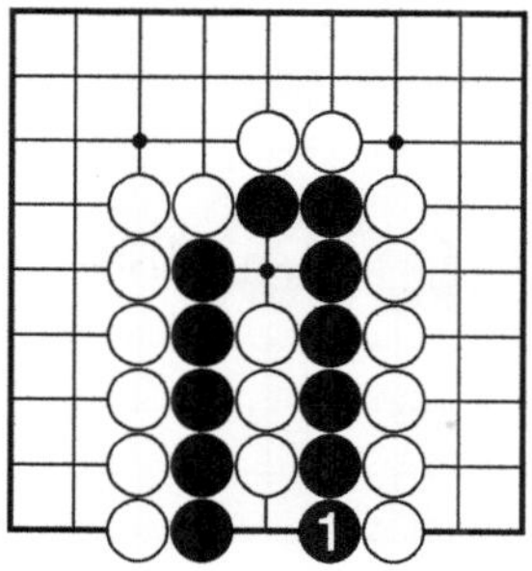

[128] Schwarz 1 erreicht ein Leben in Seki. Weiß kann nicht innen spielen, denn wenn Schwarz dann schlägt, lebt er mit Punkten.

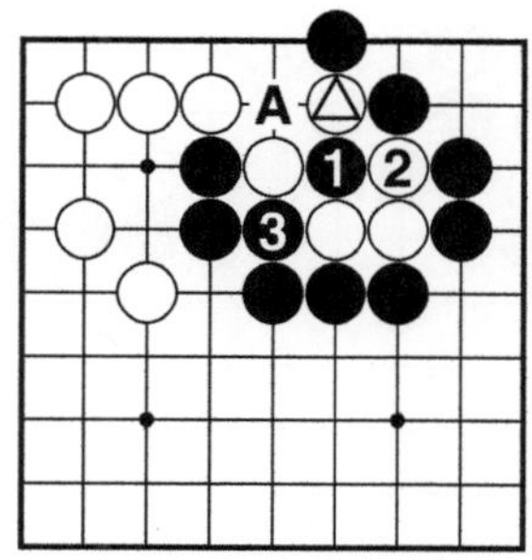

[129] Schwarz 1 ist geschickt und fängt weiße Steine. Weiß 2 auf 3 hilft nicht, denn Schwarz schlägt dann auf A.

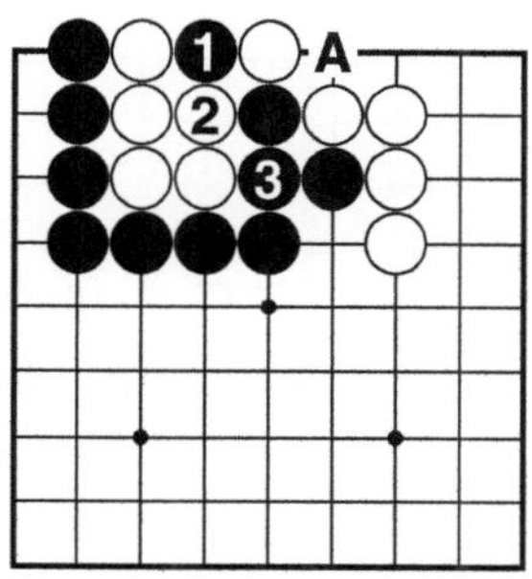

[130] Schwarz 1 erzeugt einen Mangel an Freiheiten, gegen den Weiß sich nicht wehren kann.

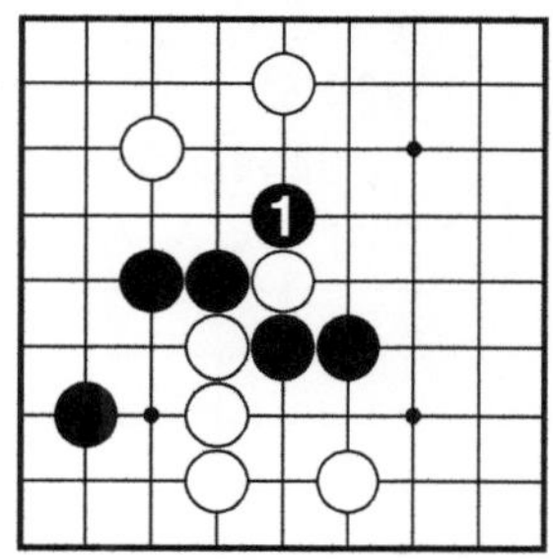

[131] Schwarz 1 beginnt eine Treppe und verbindet so alle Steine.

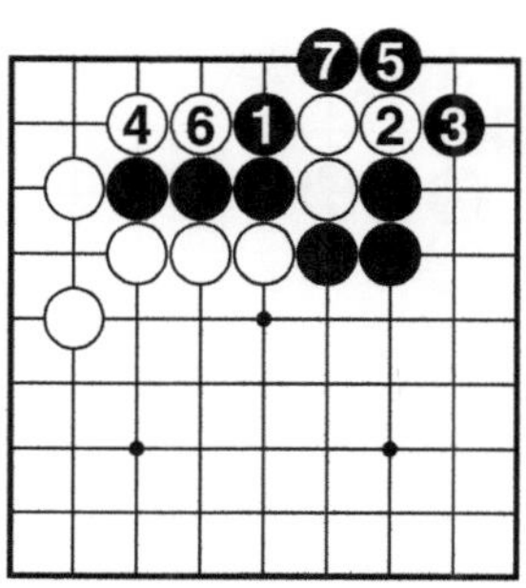

[132] Schwarz 1 bis 7 ist die Sequenz, die die weißen Steine fängt.

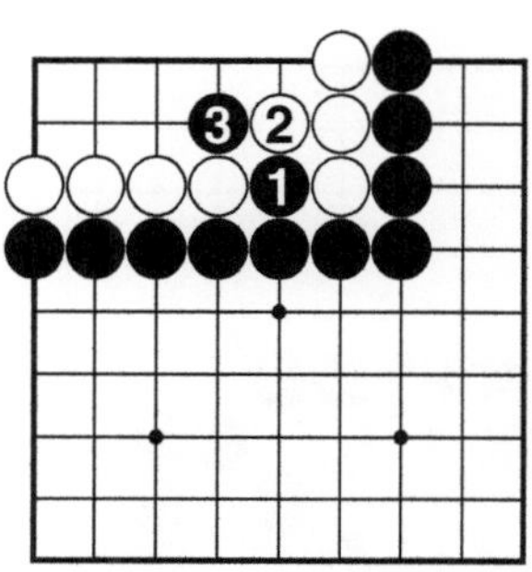

[133] Nach Schwarz 1 kann Weiß nicht verbinden. Das Gebiet ist zerstört.

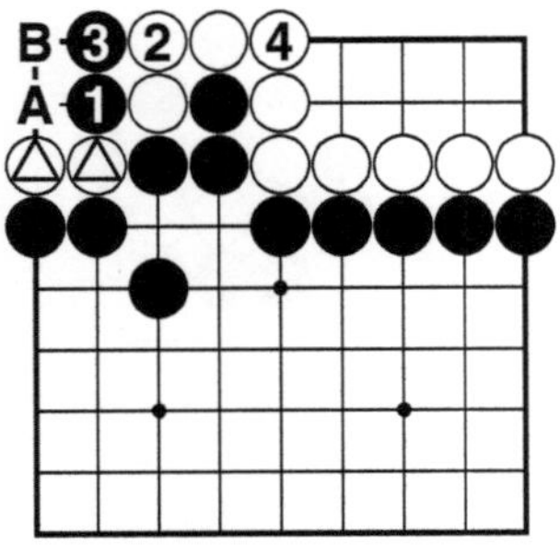

[134] Schwarz 1 ist ein Doppel-Atari. Weiß muss mit 2 und 4 nachgeben. Schwarz fängt zwei Steine und gewinnt Gebiet auf A und B.

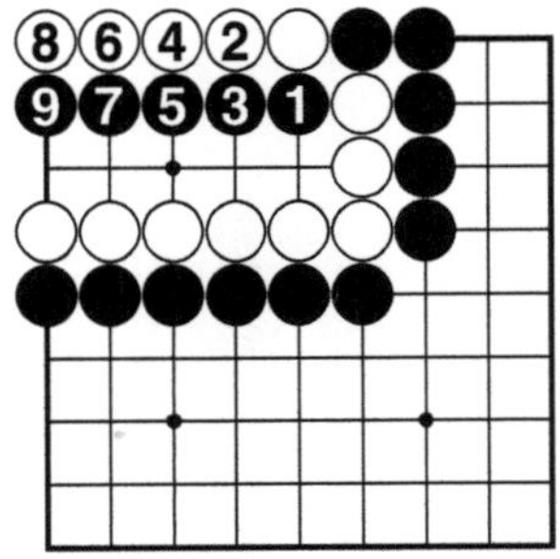

[135] Schwarz 1 nutzt die Schwachstelle aus und zerstört das weiße Gebiet.

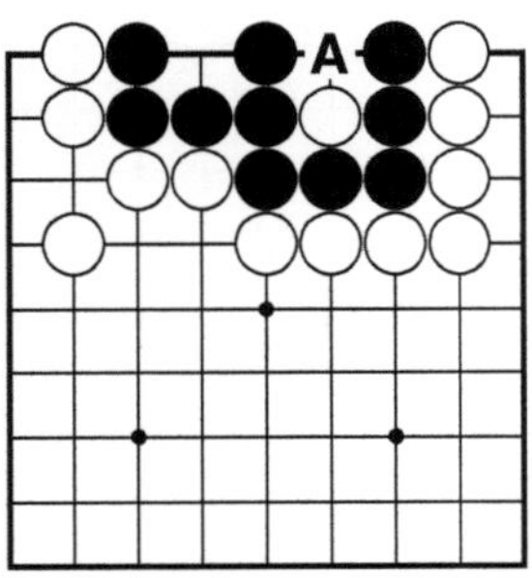

[136] Schwarz sollte nicht auf A spielen, denn er verliert einen Gebietspunkt. Der weiße Stein ist bereits verloren.

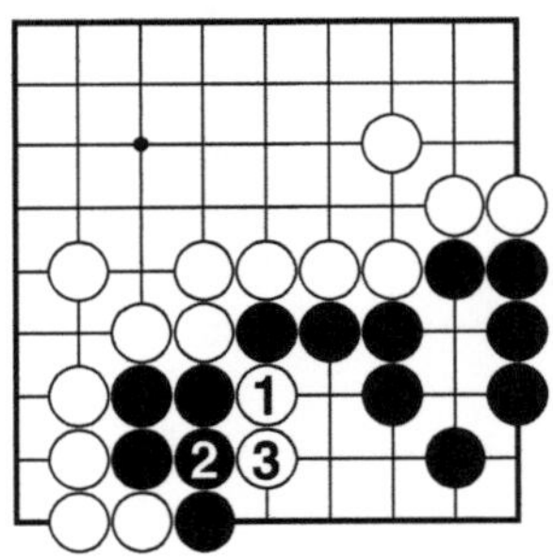

[137] Schwarz muss decken, denn sonst schneidet Weiß auf 1 und fängt fünf Steine. Schwarz 1 in der Übung ist also notwendig.

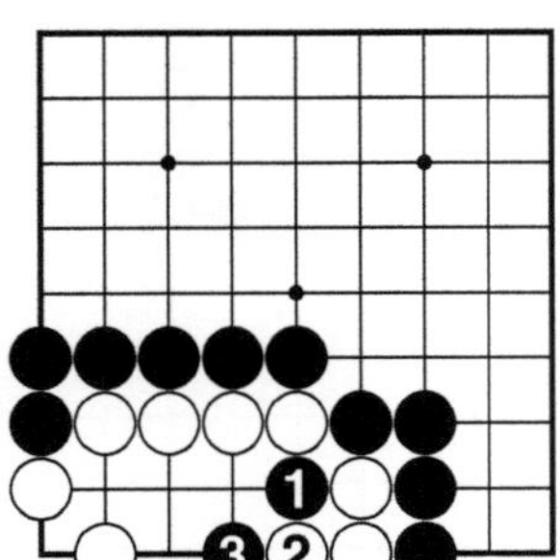

[138] Schwarz 1 schneidet und kann das Gebiet reduzieren, indem er weiße Steine fängt.

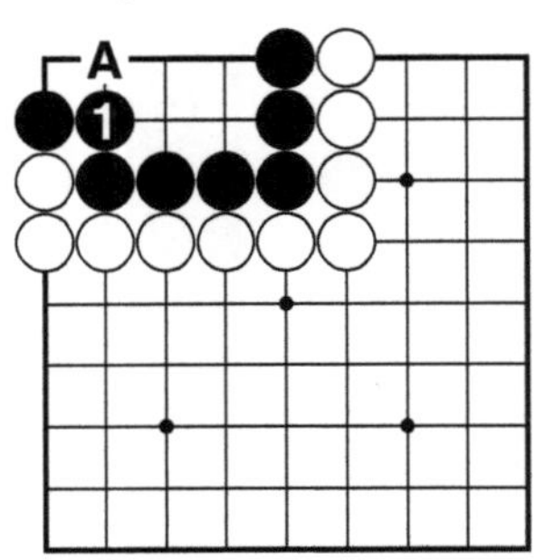

[139] Schwarz 1 verteidigt den drohenden Schnitt auf 1. Auch A ist als Verteidigung möglich.

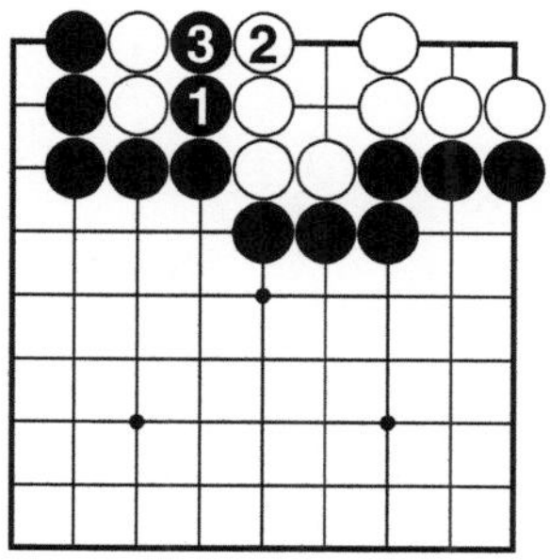

[140] Schwarz kann mit 1 und 3 das Gebiet reduzieren.

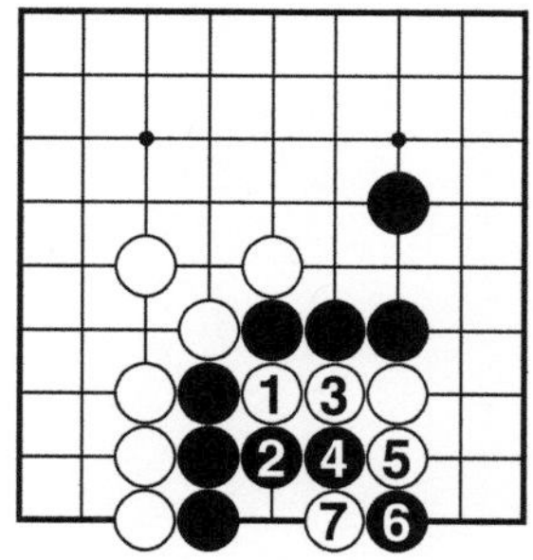

[141] Schwarz muss verteidigen, denn sonst schneidet Weiß wie hier gezeigt. Schwarz auf 1 wäre gut.

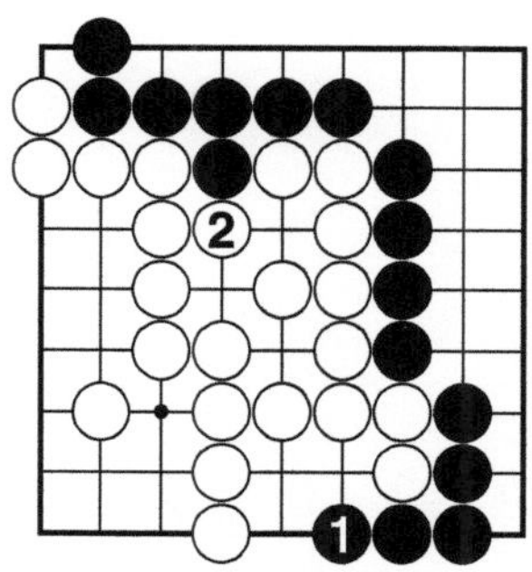

[142] Schwarz 1 zerstört drei Punkte, während Weiß 2 nur zwei Punkte sichert. Schwarz 1 ist also größer.

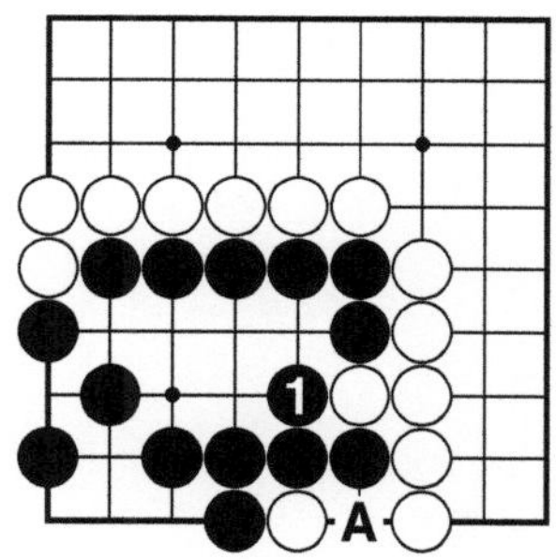

[143] Schwarz 1 ist größer. Schwarz A sichert zwei Punkte, aber dann läuft Weiß auf 1 hinein und Schwarz verliert hier drei Punkte.

Glossar

Atari
Ein Stein oder eine Gruppe von Steinen mit nur noch einer Freiheit. Mit dem nächsten Zug ist es möglich, zu schlagen.

Ko
Stellung, in der wiederholendes Schlagen eines einzelnen Steines möglich ist. Die Ko-Regel verbietet daher, in einem Ko sofort zurückzuschlagen.

Semeai
Tötungswettlauf zwei Gruppen.

Seki
Position, in der zwei gegnerische Gruppen leben, weil sie sich nicht angreifen können; lokales Patt.

Tesuji
Ein technisch guter Zug, der in einer lokalen Situation das Optimum darstellt.